Dustin Sattler

Spiritualität als Ressource in der Psychotherapie mit Kindern und Jugendlichen

Bibliografische Information der Deutschen Nationalbibliothek:

Die Deutsche Nationalbibliothek verzeichnet diese Publikation in der Deutschen Nationalbibliografie; detaillierte bibliografische Daten sind im Internet über http://dnb.d-nb.de abrufbar.

Impressum:

Copyright © Studylab 2018

Ein Imprint der Open Publishing GmbH

Druck und Bindung: Books on Demand GmbH, Norderstedt, Germany

Coverbild: Open Publishing | Freepik.com | Flaticon.com | ei8htz

Inhaltsverzeichnis

Abbildungsverzeichnis

Tabellenverzeichnis

1 Einleitung

> "Der Therapeut muss danach streben, für jeden Patienten
> eine neue Therapie zu kreieren."
>
> (Yalom 2009, S. 48)

Kinder und Jugendliche befinden sich heutzutage, mehr denn je, gefangen in einer Gesellschaft, die nach Leistungen bewertet. Dieser Leistungsdruck lastet spürbar auf ihnen. Zusätzlich stellen sie sich Fragen, die jeden jungen Menschen betreffen und die nicht wissenschaftlich zu beantworten sind, wie »Was kommt nach dem Leben? Was ist der Sinn des Lebens? Warum gerade ich?«. Kinder und Jugendliche durchlaufen in ihrer Pubertät eine allgemein existente Pubertätskrise, die geprägt ist von Körperveränderungen, Sexualität, Geschlechtsidentitätskrisen, Übergang zwischen verschiedenen Schulformen usw. Kommen in dieser allgegenwärtigen Pubertätskrise noch Lebenskrisen wie zum Beispiel Krankheit, Tod eines Angehörigen oder Schicksalsschläge hinzu, steht der junge Mensch vor zunächst unlösbaren Aufgaben. Gerade chronisch, schwer oder psychisch erkrankte Kinder und Jugendliche versuchen eine (Be-)Deutung hinter ihrer Krankheit zu erkennen. Mit den ihnen zur Verfügung stehenden Ressourcen und Kompetenzen und der dazugehörigen Copingstrategie müssen sie versuchen, diese Krisensituation zufriedenstellend zu lösen. Viele Kinder und Jugendliche benötigen für diesen Prozess professionelle Hilfe. Solch professionelle Hilfe findet teils in einem pädagogischen Setting, wie zum Beispiel in einem offenen Jugendtreff, durch Angebote von Beratungsstellen oder in einer Wohngruppe statt, teils in einem therapeutischen Setting, wie in einer stationären oder ambulanten Therapie oder in einer therapeutischen Wohngruppe.

Diese Bachelorarbeit soll den Schwerpunkt auf die therapeutische Arbeit mit jungen Menschen legen und zeigen, wie ein interdisziplinärer Austausch zwischen Spiritualität und Psychotherapie stattfinden kann. Psychotherapie mit Kindern und Jugendlichen wird immer gefragter, die Wartelisten erstrecken sich oft über mehrere Monate, der Markt für therapeutische Dienstleistungen wächst weiter.

Spiritualität wird währenddessen fortlaufend zu einem populären Begriff (vgl. Knoblauch 2006, S. 91). Spirituelle Dienstleistungen werden angeboten und von Kund*innen angenommen, die eine spirituelle Dienstleistung wollten, eine esoterische bekommen und etwas Mystisches erwarten. Der Markt für Dienstleistungen unter dem Deckmantel der Spiritualität wächst.

Psychotherapie für Kinder und Jugendliche wird häufig von staatlich anerkannten und akkreditierten Kinder- und Jugendlichenpsychotherapeut*innen[1] durchgeführt. Diese haben teilweise einen Kassensitz inne, arbeiten in einer kinder- und jugendpsychiatrischen Einrichtung oder rechnen privat ab. In der Psychotherapie existieren zwei große Fachrichtungen: die Tiefenpsychologie und die Verhaltenstherapie. Therapeut*innen spezialisieren sich im Laufe ihrer Ausbildung auf eine der vorher genannten Verfahren und erlangen dadurch die Erlaubnis mit einer gesetzlichen oder privaten Krankenkasse abrechnen zu dürfen. Für die Durchführung der in dieser Arbeit genannten Methoden ist es nicht von Bedeutung, welcher Fachrichtung die Psychotherapie untersteht.

Angemerkt werden muss, dass das pädagogisch-therapeutische Personal durch vorhergehende Einschätzung und Untersuchung selbst abschätzen muss, ob die Einbindung einer spirituellen Komponente in die Therapie indiziert oder kontraindiziert ist. Bei jungen Menschen, die unter wahnhaften Störungen und dem Voll- oder Teilbild einer psychotischen Erkrankung unterliegen, soll an dieser Stelle ausdrücklich davon abgeraten werden, da diese oftmals dazu neigen, ihre Krankheit religiös zu deuten und in ihre Wahnvorstellung miteinzubauen (vgl. Krampen 2013, S. 139).

Wenn in dieser Arbeit von Kindern und Jugendlichen die Rede ist, gilt die Definition des SGB VIII § 7. Nach deutschem Recht ist Kind, wer nicht älter als 13 Jahre alt ist; Jugendliche sind alle ab 14 und unter 18. Zwar definiert die UN-Generalversammlung und die Shell-Jugendstudie »Jugendlichkeit« bis zu einem Alter von 25 Jahren, jedoch beschäftigt sich diese Bachelorarbeit mit der Psychotherapie von Kindern und Jugendlichen. KJP behandeln in der Regel nur Personen bis zum 18. Lebensjahr, in Einzelfällen bis zum 21. Lebensjahr. Aufgrund dieser Sachlage sind mit Kindern und Jugendlichen in dieser Arbeit alle bis zur Vollendung des 18. Lebensjahres gemeint.

Ziel dieser Bachelorarbeit ist es, herausfinden ob, und wenn ja wie, Spiritualität eine Ressource und/oder ein Copingfaktor sein kann und wie diese professionell,

---

[1] Im weiteren Verlauf dieser Bachelorarbeit abgekürzt durch KJP.

lösungsorientiert und gewinnbringend für den*die Klient*in oder Patient*in in die Therapie integriert werden kann. Weiter möchte ich der Frage nachgehen, ob KJP weiteres Zusatzwissen benötigen, um Spiritualität als Ressource anwenden zu können und ob sie generell dazu in der Lage sein müssen.

Die Hypothesen die in dieser Bachelorarbeit überprüft werden sollen lauten wie folgt:

1. Spiritualität ist eine Ressource.
2. Eine spirituelle Ausrichtung von Kindern und Jugendlichen kann nach vorheriger Exploration durch unterschiedliche Methoden und Übungen genutzt werden, um den Patient*innen eine bestmögliche Genesung zu ermöglichen.
3. KJP müssen sich im Vorhinein mit den vorhandenen Methoden sowohl theoretisch als auch praktisch vertraut machen und positive sowie negative Faktoren individuell abwägen.

Die aufgestellten Hypothesen und die gewählte Fragestellung möchte ich anhand von wissenschaftlicher Literatur überprüfen und validieren. Das Thema hat besondere Relevanz für KJP und Sozialpädagog*innen oder Sozialarbeiter*innen, die in einem therapeutischen Bereich arbeiten.

Für Psychotherapeut*innen existiert in Deutschland kein einheitlicher, bundesländerübergreifender Ethikkodex, weswegen ich den Berufskodex der Psychotherapeut*innen aus Österreich als Grundlage verwenden möchte. Dort ist klar definiert, dass "Psychotherapeutinnen (Psychotherapeuten) sowohl durch das Psychotherapiegesetz als auch den Berufskodex grundsätzlich angehalten sind, wissenschaftlich anerkannte Methoden im Kontext der Psychotherapie anzuwenden, wobei auch nicht jede in anderen Fachkontexten wissenschaftlich anerkannte Methode unter die zur psychotherapeutischen Krankenbehandlung wissenschaftlich anerkannten Methoden gerechnet werden kann" (Bundesministerium für Gesundheit 2014, S. 5). Klar abgrenzen muss sich die Psychotherapie von "Bekehrung, Heilsversprechen, missionarische[n] Ansätze, bzw. religiöse[n] und esoterische[n] Praktiken" (Bundesministerium für Gesundheit 2014, S. 5). Psychotherapie muss sich daher ihrer Methoden bewusst sein und jeder KJP muss im Vorhinein abwägen, ob die Methoden die er/sie anwenden möchte wissenschaftlich evaluiert sind. Dabei müssen spirituelle Methoden denselben wissenschaftlichen Standards unterliegen, wie die der Tiefenpsychologie oder der Verhaltenstherapie.

In dieser Arbeit soll klar unterschieden werden, zwischen wissenschaftlich evaluierten Methoden, die dem Berufskodex gerecht werden und dem, was auf dem spirituellen Markt angeboten wird und teilweise aus Missionierung, Gebeten und Bekehrung besteht. Dennoch sollte Psychotherapie in der Lage sein, diesen gesellschaftlichen Trend und Anspruch unter Einhaltung aller vorher genannten wissenschaftlichen Standards in die weltanschaulich neutrale Psychotherapie zu integrieren, um dem Ziel der Psychotherapie, nämlich "bestehende Symptome zu mildern oder zu beseitigen, psychische Leidenszustände zu heilen oder zu lindern, in Lebenskrisen zu helfen, gestörte Verhaltensweisen und Einstellungen zu ändern oder die persönliche Entwicklung und Gesundheit zu fördern." (Bundesministerium für Gesundheit 2014, S. 2) gerecht zu werden.

Der wissenschaftliche Diskurs in diesem Bereich steht noch in den Anfängen. Diese Arbeit soll einen Beitrag dazu leisten, in diesen wichtigen interdisziplinären Austausch zu treten.

Diese Arbeit ist aufgeteilt in sechs Kapitel. Zuerst sollen grundlegende Begriffe der Bachelorarbeit erläutert werden, dabei werden Fachbegriffe definiert und – wenn nötig – von anderen oft genutzten Begriffen abgegrenzt. Darauf folgt eine aktuelle Bestandsaufnahme der spirituell-religiösen Ausrichtung von Kindern und Jugendlichen. Es soll der Umgang mit Spiritualität und Religion aufgezeigt werden und erläutert werden, inwieweit diese relevant für die Zielgruppe sind. Weiter soll in Kapitel zwei aufgezeigt werden, dass Psychologie und Spiritualität aufgrund ihrer Traditionen zwei Disziplinen mit geringer Schnittmenge sind und Erklärungsansätze liefern, warum dies so ist. Kapitel drei beschäftigt sich mit dem aktuellen Forschungsstand der Spiritualitätsforschung und der Frage, ob Spiritualität eine Ressource ist und wie ebendiese gewinnbringend in die Psychotherapie integriert werden kann. Krisenintervention und ihre speziellen Handlungsimplikationen werden in Kapitel vier Themen sein; dort sollen zudem Möglichkeiten der Integration von Spiritualität aufgezeigt werden. Im fünften Kapitel wird der Frage nachgegangen, welche Qualifikationen und Erfahrung benötigt werden, um Spiritualität zu integrieren. In Kapitel sechs werden die Erkenntnisse dieser Arbeit kritisch hinterfragt und die Facette des wissenschaftlichen Diskurses vollkommen gemacht, indem darüber hinaus kritische Erkenntnisse gezeigt werden sollen. Zum Schluss möchte ich die Erkenntnisse zusammenfassen, die Implikationen für die Soziale Arbeit und Psychotherapie erläutern und einen Ausblick geben.

2 Grundbegriffe

In den folgenden drei Unterkapiteln werden grundlegende Begriff für diese Arbeit definiert, erklärt und in den Kontext dieser Bachelorarbeit eingebettet. Dabei wird auf die Historie und den aktuellen wissenschaftlichen Diskurs verwiesen und – wenn nötig – zwischen Begrifflichkeiten differenziert und abgegrenzt.

2.1 Spiritualität – Zwischen Esoterik und Agnostik?

> "War 40 Jahre zuvor die Religion am Ende, so scheint nun plötzlich die Säkularisierung an ihr Ende gekommen zu sein. Hatte Nietzsche Gott am Ende lebend begraben?" (Knoblauch 2009, S. 15)

Zuerst sei gesagt, dass es keine einheitliche Definition von Spiritualität gibt. Häufig werden die Begriffe Spiritualität, Spiritismus, Religion, Religiosität, Esoterik und Mystik ohne scharfe Trennung synonym füreinander gebraucht (vgl. Bucher 2007, S. 20; Baier 2006, S. 23; Martin 2005, S. 17). Um im weiteren Verlauf dieser Arbeit mit einer Definition von Spiritualität arbeiten zu können, werden zuerst allgemeine und darauffolgend konkrete Aspekte von Spiritualität und der Abgrenzung zu anderen Begriffen gesammelt, um dann abschließend eine eigene Arbeitsdefinition zu verfassen.

Das Wort »Spiritualität« leitet sich aus dem lateinischen Wort »*spiritus*« Geist, Hauch oder auch »*spiro*«, zu Deutsch, ich atme, ab. Wörtlich übersetzt ist »Spiritualität« damit eine Art Geistlichkeit oder freier, die *geistliche Ausrichtung eines Lebens*. Möglich wäre außerdem eine Übersetzung in Richtung »Lebensatem«.

Für gewöhnlich definieren sich Menschen als spirituell, um sich von traditionellen Lehren und dogmatischen Traditionen abzugrenzen (vgl. Fermor 2014, S. 175) oder um zu symbolisieren, dass sie sich sehr wohl für spirituell, aber nicht für religiös halten (vgl. Vaas und Blume 2009, S. 26; Benthaus-Apel 2014, S. 24).

"Mit dem Begriff der Spiritualität werden religiöse Eigensinnigkeit, religiöse Selbstbestimmung und die Wichtigkeit religiöser (körperlicher) Erfahrung zur Sprache gebracht" (Benthaus-Apel 2014, S. 22), daher wird mit dem Begriff »Spiritualität« häufig eine Abgrenzung zu Lehren, Riten und Institutionen symbolisiert und das eigene Erleben und die "Erfahrung mit diesem Unfassbaren" (Renz 2010, S. 66) in den Mittelpunkt gerückt. Spirituelle Menschen fühlen sich zudem in ihrem

Handeln und in ihrem Sein in ein größeres Ganzes eingebettet (vgl. Vaas und Blume 2009, S. 26).

Eine klare Unterscheidung von Religion[2] und Spiritualität fällt aus verschiedenen Gründen nicht einfach. Erstens wird in vielen Fällen das *altmodische* Wort Religion gegen das *moderne* Wort Spiritualität getauscht, ohne den genauen Bedeutungsunterschied zu erkennen (vgl. Renz 2010, S. 64). Vieles was vor zehn Jahren noch als religiös bezeichnet worden wäre, wird heute der Spiritualität zugeordnet; es erweckt den Anschein, als ob Spiritualität mehr und mehr zu einem "Alternativbegriff" (Knoblauch 2006, S. 108) wird. Zweitens haben Religion und Spiritualität eine gemeinsame Schnittmenge, die geprägt ist von intrinsischen Haltungen und einem tieferen Lebenssinn (vgl. Wegner und Lubatsch 2010, S. 197).

Anders als Religion soll Spiritualität zudem "vor allem das Leben bereits hier und jetzt bereichern und verändern und nicht erst als »Belohnung« im Jenseits" (Martin 2005, S. 14). Spiritualität zielt dementsprechend darauf ab, die Belohnung für das achtsame Leben in die Gegenwart zu übertragen und nicht erst mit Vertrauen in die Zukunft zu schauen und zu hoffen, dass man die Belohnung erhält, die man verdient hat. Ein Aspekt von Spiritualität ist also, die Verantwortung für die Welt im Hier und Jetzt zu tragen (vgl. Mogge-Grotjahn 2014, S. 244). Ein weiterer Aspekt befasst sich mit Spiritualität als alternativem Verständnis von Gesundheit, das den ganzen Körper in seiner Einheit bestehend aus Leib und Seele in den Mittelpunkt stellt und auf eine Heilung dieser Einheit abzielt (vgl. Benthaus-Apel 2014, S. 30). Weiter lässt sich sagen, dass die Gemeinschaft spiritueller Menschen oftmals keine steilen Hierarchien und Organisationsstrukturen aufweist (vgl. Knoblauch 2009, S. 41). Die verschiedenen Ausprägungen und Ausrichtungen von Spiritualität sind so verschieden, dass mitnichten von *der einen* Spiritualität gesprochen werden kann. Aufgrund dessen ist es sinnvoll, die unterschiedlichen Traditionen und Ausprägungen differenziert zu betrachten und zu benennen. So existieren zum Beispiel die »buddhistische Spiritualität«, die »muslimische Spiritualität«, die »christliche Spiritualität« und die »ignatische Spiritualität«. Jede dieser unterschiedlichen

---

[2] Diese Bachelorarbeit beschäftigt sich mit den Auswirkungen von Spiritualität. Dabei wird der Versuch unternommen, die Unterschiede zwischen Religion und Spiritualität aufzuzeigen. Religion selbst soll jedoch nicht als eigenständiger Begriff definiert werden, da er – außer der Schnittmenge mit Spiritualität – keine dominante inhaltliche Wichtigkeit für diese Arbeit darstellt.

Ausrichtungen hat ein besonderes Hauptaugenmerk auf eine bestimmte Position gelegt. So legt die »ignatische Spiritualität« zum Beispiel einen besonderen Schwerpunkt darauf, dass der junge Mensch Achtsam wird dafür, dass er*sie geschaffen wurde (vgl. Frick 2011, S. 46) und die »christliche Spiritualität« darauf, dass jemand seine*ihre Augen nicht vor der Not des Nächsten verschließt (vgl. Utsch 2010, S. 22). Eine solche Hilfe wird von dem Gefühl der Gegenwart Gottes getragen und schafft die Möglichkeit Mensch und Schöpfung in allen Dimensionen bestmöglich zu entfalten und entwickeln. »Christliche Spiritualität« sieht sich damit als kritische Disziplin, die versucht, die Gegenwart und Lebenswelt mit der Tradition und christlicher Glaubensüberlieferung in Einklang zu bringen und die Heilsmöglichkeiten bestmöglich zu nutzen (vgl. Baier 2006, S. 39).

Zusammenfassend nun die Arbeitsdefinition von Spiritualität:

> Spiritualität ist das sich verbunden fühlen mit der Natur und der Einbettung des eigenen Seins in etwas Größeres; der Möglichkeit, sich selbst zu transzendieren. Sie ist nicht abhängig von Orten, Traditionen, Menschen und Kulturen, sondern wird überall dort sichtbar, wo Menschen außergewöhnliche Erfahrungen machen. Sie erlaubt den Menschen sich selbst in der Gegenwart zu sehen und ihr eigenes Handeln in eine Weltverantwortung einzubetten. Spiritualität grenzt sich häufig von Lehren, Riten, Dogmen und Traditionen ab und muss von dem Individuum selbst erlebt werden. Sie erlaubt Suchenden sich selbst in ihrem eigenen Handeln zu finden.

An einer Definition von Spiritualität wird weiter geforscht. Mittlerweile entstehen eigene Forschungsbereiche, welche "study of spirituality oder einfach nur spirituality" (Baier 2006, S. 12–13) genannt werden. Man muss sich jedoch eingestehen, dass Spiritualität momentan weitestgehend unbestimmt ist und dennoch immer mehr an Popularität und Aufmerksamkeit gewinnt (vgl. Eppenstein 2014a, S. 115).

Spiritualität ist individuell und somit personen-, erfahrungs- und altersabhängig. Damit ist die spirituelle Ausprägung von Kindern oftmals eine andere, als die von Jugendlichen, Erwachsenen oder Senioren (vgl. Büssing 2016, S. 251). Spiritualität hat in jeder Phase des Lebens einen anderen Schwerpunkt. Junge Menschen, besonders Kinder, haben den Schwerpunkt häufig auf der Erfahrungs- und Handlungsebene. Hierbei geht es nicht darum, sich klar über eine transzendente oder weltverbundene Haltung aussprechen zu können, sondern darum, zu erleben und zu spüren, dass ein Mensch mehr ist als seine physische Körpergestalt und zu erleben, dass das Leben mehr bieten kann als die "empirische Alltagswelt" (Gaus 2016, S. 254).

2.2 Ressource – Der Schlüssel zur Bewältigung?

Hinter dem Begriff der Ressource verbergen sich viele Themengebiete, Arten der Interpretationen, Auslegungen und Definitionen. Daher soll in diesem Abschnitt der Begriff kurz erläutert und in den Rahmen dieser Arbeit eingebettet werden.

Der Begriff Ressource wird in vielen Fachbereichen unterschiedlich verwendet. So werden in der Wirtschaft damit materielle Güter bezeichnet, die Soziologie definiert Ressource als soziale oder sozialökonomische Merkmale und für die Psychologie sind Ressourcen individuelle psychische Merkmale (vgl. Knecht und Schubert 2012, S. 16).

> Allgemeingültig und über alle Fachbereiche hinweg lässt sich sagen, dass eine Ressource etwas ist, dass das Individuum zu einer gelingenden Lebensführung und der Bewältigung von Anforderungen an ihn, seien es physische Bedürfnisse wie Hunger, Durst, Obdach oder psychische wie die Umsetzung eigener Lebenswünsche oder letztendlich Gesundheit, benötigt.

Zur besseren Erläuterung der verschiedenen Kategorien und Überkategorien von Ressourcen und der einfacheren Verortung von Spiritualität folgend ein Schaubild:

Abbildung 1 – Schaubild zur Kategorisierung von Ressourcen nach Knecht und Schubert 2012, S. 20-23.

Der Frage, ob Spiritualität eine Ressource ist, soll in Kapitel 3.2. nachgegangen werden. Sollte die Überprüfung ergeben, dass Spiritualität eine Ressource ist, müsste sie unter die individuellen Ressourcen, noch genauer bei den psychischen Ressourcen eingeordnet werden. Unter die Kategorie der psychischen Ressourcen fallen auch sämtliche Copingstrategien.

Ressourcen sind nicht automatisch aktive Ressourcen, welche zur Stressbewältigung genutzt werden können; oftmals sind es nur Potenziale für Ressourcen. Sie müssen erst aktiv in Copingstrategien integriert werden. Dementsprechend wird unterschieden zwischen potenziellen und aktivierten Ressourcen. Oftmals bestehen Ressourcen, aber das Individuum ist nicht in der Lage diese gewinnbringend zu nutzen oder zu aktivieren. Die Aktivierung dieser Ressource entsteht dann meistens nicht beim Individuum, sondern mittels Beziehungsarbeit durch eine Fachkraft oder nahestehende Person (vgl. Beuscher 2010, S. 120).

Besonders hervorzuheben ist, dass Individuen mit vielen Ressourcen leichter mit dem Verlust einer Ressource umgehen können, andererseits sind Menschen, die nur wenig Ressourcen innehaben vulnerabler für den Verlust dieser sind. Darüber hinaus besitzen sie weniger oft die Möglichkeiten neue Ressourcen zu gewinnen (vgl. Buchwald und Hobfoll 2004, S. 15). Gerade der Verlust oder der drohende Verlust von Ressourcen ist stressreich, da Individuen nun mit den wenigen Ressourcen und den vorhandenen Copingstrategien Herausforderungen bewältigen müssen (vgl. Buchwald und Hobfoll 2004, S. 13).

2.3 Coping – Mehr als eine Ressource?

Coping [zu Deutsch: Bewältigungsverhalten] ist ein von Lazarus und Launier 1974 entwickeltes Konzept, welches beschreibt, inwiefern ein Individuum Anstrengungen unternimmt mit Hilfe seiner Ressourcen Anforderung, die an dieses gestellt werden zu meistern und physische und psychische Belastungen zu tolerieren, reduzieren und zu minimieren (vgl. Rüger et al. 1990, S. 19). Das von Lazarus und Launier 1974 entwickelte Konzept, haben Haan (1963) und Vaillant (2011) weiterentwickelt. Durch die verschiedenen Autoren existieren auch hier unterschiedliche Definitionen.

Folgend wird sich an der Definition von Lazarus und Launier orientiert, da sie erstens, als Begründer des Copings bekannt sind und zweitens, weil die aufgestellte Theorie weiterhin in der *scientific community* angesehen ist.

Copingstrategien kommen immer dann zum Einsatz, wenn Stress bewältigt werden muss. Stress ist hierbei definiert als wahrgenommene Diskrepanz zwischen Bewältigungsfähigkeit und Umweltanforderung, wobei der Schwerpunkt auf der individuellen Wahrnehmung dieser Diskrepanz liegt (vgl. Lazarus 1999, S. 73-77). Lazarus unterscheidet dabei zwischen drei verschiedenen Arten der Stressbewältigung:

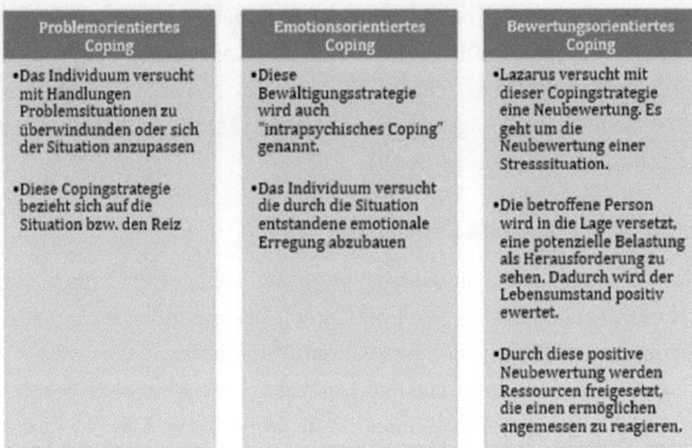

Abbildung 2 – Arten der Stressbewältigung nach Lazarus 1999.

Für eine erfolgreiche Stressbewältigung müssen oftmals zwei oder drei der vorher genannten Copingstrategien kombiniert werden. Eine erfolgreiche Stressbewältigung setzt sich damit ausfolgenden Faktoren zusammen:

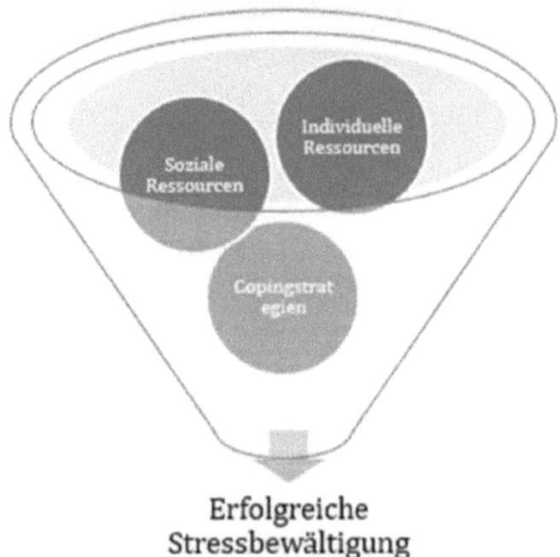

Abbildung 3 – Faktoren einer erfolgreichen Stressbewältigung nach Buchwald und Hobfoll 2004, S. 18.

Copingstrategien ermöglichen dem jungen Menschen seine*ihre vorhandenen Ressourcen zu erkennen, zu aktivieren und gewinnbringend einzusetzen. Ohne die Möglichkeit einer effizienten Bewältigungsstrategie, können Ressourcen nicht ihre volle Wirkung erzielen (vgl. Geene et al. 2013, S. 30). Eine gelungene Stressbewältigung entsteht daher erst, wenn die Ressourcen erkannt und aktiviert werden und die drei oben gezeigten Faktoren positiv ausgeprägt sind.

Coping und die damit einhergehenden Ressourcen sind eine der ausschlaggebenden Konstanten, wenn es darum geht, ob sich pathologische Verhaltensweisen zu einer psychischen Störung entwickeln. Daher ist es besonders wichtig, nicht nur die Ressourcen in den Blick zu nehmen, sondern auch den Einsatz dieser zu beleuchten und zu beachten wie sie in das Leben – und in dieser Arbeit besonders in die Psychotherapie – integriert werden können (vgl. Sonneck et al. 2016, S. 52–53).

3 Eine aktuelle Bestandsaufnahme

Die heutige Zeit ist geprägt von Wandel. Um bei den derzeitigen gesellschaftlichen und wissenschaftlichen Veränderungen einen Überblick zu haben, soll das zweite Kapitel einen kurzen Einblick in die aktuelle Lebenswelt von jungen Menschen und ihrem Verhältnis zu Religion, Kirche und Spiritualität ermöglichen und weiter den aktuellen wissenschaftlichen Diskurs, als auch die Historie zwischen der Psychologie und der Spiritualitätsforschung wiedergeben.

3.1 Kinder und Jugendliche und ihr Verhältnis zu Spiritualität und Religiosität

"Ich glaube, dass dieses Wesen - ich nenne es Gott - versucht, die Welt so gut es geht zu erhalten. Wo finde ich dieses Wesen? Sicher nicht in unserer katholischen Kirche, wo einem genau vorgeschrieben wird, wie man sich zu benehmen hat, wo man seine Gefühle nicht ausdrücken kann." (Bucher 2007, S. 81–82)

Kinder und Jugendliche befinden sich heutzutage in einer Welt die klar nach Leistung differenziert. Die Furcht nach dem Abstieg im Beruf und Schule oder das Eintreten von Schicksalsschlägen, wie der Tod eines Elternteiles, sind für sie real und allgegenwärtig (vgl. Leven und Utzmann 2015, S. 351). Sie stehen unter Stress und Leistungsdruck, denken permanent an das Erreichen von Leistungsquoten. Dadurch werden sie "Opfer ihrer eigenen Ansprüche" (Martin 2005, S. 47) und zweifeln an sich selbst, wenn sie ihren eigenen Ansprüchen nicht gerecht werden. Aufgrund dessen ist es nicht verwunderlich, wenn Jugendliche zusätzlich zu den allgegenwärtigen Pubertätskrisen, zu einer Risikogruppe für Lebenskrisen gehören (vgl. Sonneck et al. 2016, S. 66).

Jugendliche sind auf der Suche nach Antworten, Weltanschauungen und Werten auf die sie vertrauen und denen sie folgen können. Fragen zur Sexualität, Liebe, Umgang mit Enttäuschung und Trauer und zwangsläufig auch der Frage nach dem Sinn des Lebens beschäftigen junge Menschen (vgl. Sonneck et al. 2016, S. 127–128).

Sie haben im Laufe ihrer Entwicklung Zugriff und Zugang zu verschiedenen Sozialisationsorten, die ihnen die Möglichkeit bieten unterschiedliche Schwerpunkte in ihrer Entwicklung zu legen und somit gewisse *Zwischenziele* in der Entwicklung zu erreichen. Die Kirche als tertiärer Sozialisationsort, bietet die Möglichkeit, gerade

aufgrund der großen Handlungsautonomie und Möglichkeit zur Identitätsentwicklung zu einem intensiv genutzten Angebot zu werden (vgl. Geene et al. 2013, S. 49).
[3]

Junge Menschen beschäftigen sich mehr mit Glauben und Sinnfragen als angenommen. Dabei haben sie in der Regel kein Problem mit dem Inhalt an sich, sondern mit den Zugängen und sind deswegen auf der Suche nach eigenen Möglichkeiten ihren Glauben zu entdecken und zu erleben. Für viele Jugendliche sind lediglich die alte Sprache und die alten Methoden ein Problem. Begriffe wie Spiritualität, Glaube und Kirche haben Gemeinsamkeiten und Unterschiede, die für die Jugendlichen nicht klar ersichtlich sind. Immer mehr kommt es dazu, dass viele Jugendliche diese Begriffe synonym ohne Abgrenzungen benutzen und sie mit ihrem gewünschten Inhalt füllen (vgl. Bußmann et al. 2013, S. 31).

Kirchliche Einrichtungen bieten dabei nicht die Antwort auf die Fragen, die sie bräuchten. 57 % der Jugendlichen sagen, dass die Kirche keine Antworten auf die Fragen hat, die sie wirklich bewegen (vgl. Gensicke 2015, S. 259). In Deutschland wenden sich immer mehr junge Menschen von den Staatskirchen (ev./kath.) ab und leben ihren Glauben im privaten weiter. In den neuen Bundesländern ist dieser Trend besonders deutlich zu sehen, 63 % der Jugendlichen sind hier konfessionslos (vgl. Gensicke 2015, S. 253).

Kinder und Jugendliche stehen permanent vor der Herausforderung, etwas zu finden, an das sie wirklich glauben können. 29 % der Jugendlichen wissen nicht was sie glauben sollen (vgl. Gensicke 2015, S. 254). So begeben sie sich auf die Suche nach einem Glauben oder einer Religionszugehörigkeit, die Antworten auf Fragen gibt, die sie nachvollziehen und glauben können. Oftmals weichen entsprechende Antworten von dem Gefühl der Realität der Jugendlichen ab, so entsteht mit der Zeit eine Diskrepanz zwischen dem, was sie glauben können und dem, was sie glauben wollen (vgl. Calmbach et al. 2016, S. 345). Das heißt nicht, dass sie sich hilflos auf dem Weg verlieren, sondern dass sie offen sind für neue Formen von Gemeinschaft und der Möglichkeit an Antworten teilzuhaben (vgl. Fermor 2014, S. 176).

---

[3] Der Diskurs ob die Kirche diese Möglichkeit nutzt und ob Jugendliche diese annehmen, soll nicht in dieser Bachelorarbeit geführt werden. Angemerkt werden soll jedoch, dass dies kritisch gesehen werden kann. Zur aktuellen Situation von Jugendlichen sollten Bußmann et al. 2013; Geene et al. 2013; Albert et al. 2015 hinzugezogen werden.

Daraus kann nicht der Schluss gezogen werden, dass Jugendliche nicht mehr glauben. Zum einen äußern sich viele nicht mehr über ihren eigenen Glauben und zum zweiten, glauben viele Jugendliche nicht mehr an die Dogmen, die von der Kirche vorgegeben werden (vgl. Gensicke 2015, S. 256). Dadurch verringern sich zum Beispiel Kirchgänge und Beichten. Die Suche nach Sinnfragen setzen sie jedoch fort. Oftmals bieten kirchliche Angebote keine Schnittmenge mit der Anforderung, die an den Alltag der Jugendlichen gestellt werden und gehen dementsprechend nicht mit der Lebenswelt der Zielgruppe einher (vgl. Hurrelmann und Quenzel 2016, S. 209).

Auf der Suche nach dem Sinn ergibt sich dabei oft eine Art *Baukasten-Glauben.* Aus verschieden religiösen bzw. spirituellen Angeboten, Methoden und Arten der Sinnstiftung, wählen die Jugendlichen die für sie am meisten nach innen und außen vertretbare (vgl. Calmbach et al. 2016, S. 336). Viele Jugendliche sind der Meinung "man könne 'spirituell' sein, ohne einer Religion anzugehören" (Bucher 2007, S. 82). Emotionale und authentische Erfahrungen stehen für Jugendliche in dieser Spiritualität im Mittelpunkt (vgl. Knoblauch 2009, S. 129). Diese emotionalen und authentischen Erfahrung können sie selbstständig ausdrücken und benennen, tun dies jedoch zumeist nur einem privaten, geschützten Rahmen (vgl. Bußmann et al. 2013, S. 23).

3.2 Psychotherapie und Spiritualität – eine erprobte Beziehung?

> "Das Problem: Was hier so sauber getrennt ist, fügen die Wechselfälle des Lebens zusammen." (Beuscher 2010, S. 17)

In der Zeit vor Christus waren Priester diejenigen, welche für das seelische und psychische Heil des Menschen zuständig waren. Heutzutage ist dies streng getrennt in Wiedererlangung des Heils (multidisziplinäre Aufgabe der Kirche) und dem Auskurieren der seelischen Krankheiten (Psychologie und Psychotherapie) (vgl. Gottwald 1998, S. 269).

Die Psychologie [zu Deutsch: Seelenkunde] wurde zu Beginn des 19. Jahrhunderts eine streng wissenschaftliche, akademische Disziplin. Den Menschen und sein Verhalten zu verstehen – ein immer existenter Versuch – führte viele Forscher dazu, entscheidende Erkenntnisse herauszufinden. Namen wie Sigmund Freud (1856-1939 – Vordenker der Psychoanalyse), I. P. Pawlow (1849-1936 – Vordenker der

Verhaltenstherapie) und weitere wegweisende Wissenschaftlicher wie B.F. Skinner (1904-1990 – Begründer des Behaviorismus) und Albert Bandura (*1925 – Begründer der Lerntheorie) sind Studierenden ein Begriff und ihre Erkenntnisse ein Teil der *Alltagspsychologie.*

> "Eine besondere Bedeutung beansprucht der Fall, daß[!] eine größere Anzahl von Menschen gemeinsam den Versuch unternimmt, sich Glücksversicherung und Leidensschutz durch wahnhafte Umbildung der Wirklichkeit zu schaffen. Als solchen Massenwahn müssen wir auch die Religionen der Menschheit kennzeichnen. Den Wahn erkennt natürlich niemals, wer ihn selbst noch teilt." (Freud 2015, S. 48)

Sigmund Freud war nicht nur Psychoanalytiker, sondern auch Religionskritiker. Für ihn stand fest, dass der Glaube an ein höheres Wesen nichts mit Heil und Sinnstiftung zu tun hat, sondern mit Geisteskrankheiten, Neurosen und Wahnvorstellungen. Für Freud war der Glaube eine Krankheit die die Menschheit überwinden muss (vgl. Freud 2015, S. 40ff.). Unerlässlich ist also anzumerken, dass die Beziehung zwischen Psychotherapie und Spiritualität auf keinem standfesten Fundament aufbaut. Es verwundert nicht, das Spiritualität im Standardwerken zur Psychotherapie wie in dem von Kriz (2007) nicht behandelt oder gar angesprochen wird. In der Psychotherapie gilt weiterhin die Maxime: "Psychologie wie Psychotherapie sind als Humanwissenschaften dem methodischen Atheismus verpflichtet. Weltanschaulich sind sie neutral und religionskritisch" (Möde 2013, S. 148–149). Auch in der psychosozialen Beratung und Praxis werden die Themen Religion und Spiritualität weiterhin gemieden. Dies liegt zu großen Teilen an der Tradition dieser, aber auch daran, dass sich viele Mitarbeiter*innen nicht gut genug ausgebildet fühlen, um über spirituelle Themen zu reden (vgl. Utsch 2005, S. 213).

Spiritualität ist in seiner Gesamtheit ein neues Phänomen, welches erst noch zu einer akademischen Disziplin werden muss. Ein Studium der Spiritualität ist nicht möglich, und ebenso wenig ist es bis jetzt Standard, dass Spiritualität im Theologiestudium besprochen wird, da eine Disziplin namens Spiritualität in Konzilsdokumenten nie erwähnt wird und nicht einer lutherischen oder reformierten Tradition entspringt (vgl. Baier 2006, S. 12). Der wissenschaftlich fundierte Austausch von Spiritualität und Psychotherapie steht damit noch aus, bzw. hat gerade erst begonnen.

In der alltäglichen Arbeit in der Psychotherapie mit spirituellen Menschen und spirituellen Menschen, die sich in Krisensituationen befinden, kommt es immer öfter zu einer gemeinsamen Schnittmenge. Zwischen der Arbeit eines*r Seelsorgers*in und der eines*r Psychotherapeuten*in liegen hinsichtlich der Tradition, der Methoden, der Menschen einige Unterschiede und doch ist es schwierig die Arbeit dieser beiden grundlegend voneinander zu trennen.

Hinsichtlich der Tradition existieren mehr Unterschiede als Gemeinsamkeiten. Die Seelsorge beruft sich dabei auf die transzendente Macht Gottes und das christliche Menschen- und Weltbild. Die Psychotherapie auf die Natur, die Biologie und ein psychologisches Menschen- und Weltbild. Weiter gibt es auch bei den angewandten Methoden eine große Lücke: In der Seelsorge wird mit dem Gebet, der Beichte und der christlichen Gemeinschaft gearbeitet, andererseits in der Psychotherapie mit Verhaltenstraining, Einsichtslernen und emotionalen Erfahrungen. Auch die Berufung auf die verschiedenen Werte des*r Seelsorgers*in oder Therapeuten*in unterscheiden sich. Ein*e Seelsorger*in handelt nach verschiedenen Denkweisen von Schuld und Vergebung, Glaube und Nichtglaube und Gut und Böse, während ein*e Therapeut*in versucht, seine Werte nicht mit in die Therapie zu integrieren und somit Wertneutralität anstrebt. Zuletzt ein Blick auf die Ziele. In der Seelsorge wird versucht, den Gläubigen von Angst und Schuld zu befreien, einen Sinn zu finden, Seelenheil zu erlangen und dabei näher zu Gott zu finden. In der Psychotherapie ist das Ziel die Symptome zu beseitigen und die Persönlichkeit des*r Patienten*in reifen zu lassen (vgl. Utsch 2005, S. 151)[4]. Beide Fachrichtungen haben den Menschen im Mittelpunkt und versuchen, ihn nach besten Wissen und Gewissen zu heilen. Wesentlich erscheint hierbei vielleicht eher, dass beide Disziplinen ihre jeweiligen Grenzen erkennen und diese in einem interdisziplinären Austausch zwischen Seelsorger*in und Psychotherapeut*in überwinden können, um dem*der Patienten*in, das bestmögliche Heil, die bestmögliche Therapie bieten zu können (vgl. Sonneck et al. 2016, S. 223).

Die religiöse oder spirituelle Problematik außer Acht zu lassen wäre fatal, da der*die spirituell-religiöse Patient*in, eine Diagnose als Sünde gleichstellen und sich somit weiter in die Krankheit zurückziehen könnte (vgl. Bucher 2007, S. 4). Wie die genaue Einbindung der Spiritualität in die Psychotherapie

---

[4] An dieser Stelle soll explizit erwähnt werden, dass auch Pfarrer*innen einer gewissen Wertneutralität unterworfen sind, sie jedoch im Hintergrund andere Werte und Normen zur Bewertung eines Ereignisses heranziehen. Weiter sollen bei der Benennung von Methoden und Zielen nur Beispiele gegeben werden, da eine vollständige Listung schier nicht möglich ist.

vonstattengehen kann, darüber sind sich die führenden Wissenschaftler der Professionen uneinig, der Diskurs wird in der Psychologie weitestgehend übergangen (vgl. Utsch 2005, S. 7).

4 Spiritualität in der Therapie mit Kindern und Jugendlichen

"Therapy and spirituality go together, taking human beings in their mind, body and cultural heritage. We have to address the human being as a whole. We are aware of bio-psycho-social-political-spiritual model. The whole world needs care, communication and integration." (Faure 2013, S. 143)

In der Spiritualitätsforschung, heutzutage auch *Spiritual Care* genannt, wurden einige Erkenntnisse hervorgetragen, welche für das folgende Kapitel genutzt werden sollen. Wenn in dieser Arbeit von der Ressource Spiritualität und der Anwendung dieser gesprochen wird, muss dabei unterschieden werden, zwischen der Arbeit mit Methoden, die aus dem spirituellen Handlungsfeld kommen, diese sollen in Kapitel 3.2. besprochen werden, und der Möglichkeit, dass Spiritualität passiv Faktoren begünstig, die die Genesung fördern, welche in Kapitel 3.3. erörtert werden. Bevor in Kapitel 3.2. jedoch praktische Beispiele für die psychotherapeutische Arbeit mit Kindern und Jugendlichen genannt werden, wird in Kapitel 3.1. der bisherige Forschungsstand rekapituliert und die Frage beantwortet, ob Spiritualität gemäß Definition eine Ressource ist, und wenn ja, welche positiven Faktoren mit ihr einhergehen.

4.1 Spiritualität und die Möglichkeit der passiven und aktiven Ressourcenorientierung

Im Explorationsgespräch und bei der Erstellung von Behandlungsplänen helfen Fragebögen und Testsysteme der Fachkraft, die richtigen Methoden in die anschließende Therapie zu integrieren. Eine Abfrage dieser Ressourcen passiert in der Regel während der ersten oder zweiten Sitzung einer Psychotherapie. Den Nutzen von Spiritualität als Ressource haben einzelne Psychotherapeut*innen erkannt und daher Fragebögen entworfen, um die spirituelle oder religiöse Neigung eines*r Patienten*in abzufragen. So finden sich zum Beispiel in folgenden Fragebögen Hinweise auf Spiritualität als Copingstrategie: Heilbrun (1982), Heim et al. (1985), Muthny (1989), Rippere (1976; 1977) Böhm und Dony (1984). Die oftmals als »pray«, »Sinn- und Bedeutungsfindung«, »an Gott denken, beten« benannten Items erzielen in manchen Fragebögen die höchsten Werte in Bezug auf den meist vulnerablen Copingfaktor (vgl. Rüger et al. 1990, S. 187ff.).

Eine spezielle und altersdifferente Metastudie zum Umgang mit Spiritualität in der Psychotherapie mit Kindern und Jugendlichen steht noch aus. Für gewöhnlich werden die Ergebnisse, welche bei Erwachsenen festgestellt wurden, auf Kinder und Jugendliche übertragen. Im weiteren Verlauf werden auch in dieser Bachelorarbeit Ergebnisse vorgestellt und erörtert, welche aus Studien mit Erwachsenen gewonnen wurden. Auf die spezielle Problematik, dass erstens, häufig keine Angaben zum Alter der Proband*innen gemacht wurde und zweitens, keine allgemeingültige Übertragung der Erkenntnisse von Erwachsenen auf Kinder und Jugendliche gemacht werden kann, soll an dieser Stelle hingewiesen werden.

Koenig et al. haben 2012 eine Metastudie zum Zusammenhang von Spiritualität, Religiosität und Gesundheit erstellt. Dabei haben sie über 2000 Studien und die daraus gewonnenen Ergebnisse zusammengetragen. Angemerkt werden muss hier jedoch, dass Koenig et al. von Spiritualität und Religiosität reden, also hier nicht unterscheiden und auch nicht kritisch auf die einzelnen Definitionen der verschiedenen Studien eingehen. Aufgrund der hohen wissenschaftlichen Standards, die diese Metastudie aufweist und der Korrelation und der gemeinsamen Schnittmenge zwischen Spiritualität und Religiosität, sollen dennoch einige Ergebnisse wiedergegeben werden. Jene Metastudie wird zunächst in ihrer Gesamtheit betrachtet, bevor auf Studienergebnisse für Deutschland eingegangen wird.

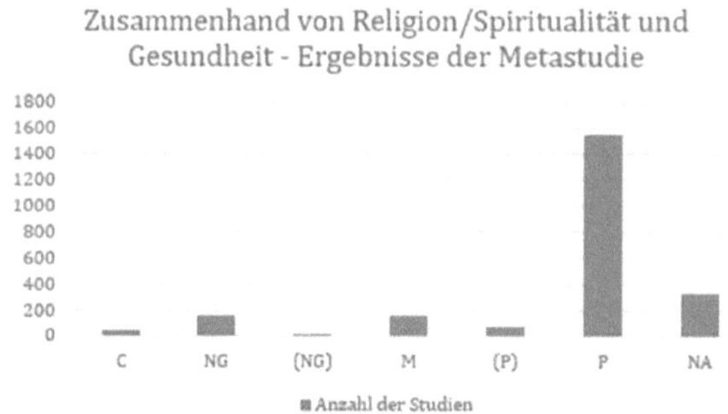

Abbildung 4 – Ergebnisse der Metastudie zum Zusammenhang zwischen Spiritualität, Religion und Gesundheit. Koenig et al. 2012, S. 601–602. [C=complex, NG= negativ, (NG)=negativer Trend, M=mixed, (P)=positiver Trend, P=positiv, NA= keine Zuordnung möglich]

Feststeht, dass Spiritualität und Religiosität zur Verbesserung der Gesundheit beitragen. Die verwendeten Studien wiesen dabei wiederholt einen hohen wissenschaftlichen Standard auf, welcher sich in den vergangen Jahren stetig erhöht hat (vgl. Koenig et al. 2012, S. 600). Weiter muss darauf hingewiesen werden, dass die Anzahl der positiven, zuzüglich denen die einen positiven Trend aufweisen so hoch ist, dass diese Signifikanz nicht außen vorgelassen werden darf. Um einige Beispiele zu nennen: 175 von 224 (78%) quantitativen Studien zeigen eine signifikante Korrelation zwischen Spiritualität/Religion und einem gesunden Wohlbefinden, von weiteren 272 Studien zeigen 170 (63%) eine signifikante positive Veränderung bei Anwendung von religiösen/spirituellen Copingstrategien bei Depression, 54% der Patient*innen einer Schweizer Studie sagen, dass Religion/Spiritualität eine positive Auswirkung auf ihre Psychose hatte (vgl. Koenig et al. 2012, S. 131, 149, 213). Gerade die qualitativ hochwertigen Studien (Rankingwert höher als 8 von 10) zeigten, dass spirituell-religiöse Menschen öfter positive Emotionen verspüren, eine höhere soziale Anbindung an die Gesellschaft haben, einen gesünderen Lebensstil haben und passiv dadurch häufiger körperlich gesünder sind (vgl. Koenig et al. 2012, S. 601f.).[5]

Ein Erklärungsansatz für die hohe Anzahl der Studien, die zu einem negativen Ergebnis kommen lautet wie folgt: Menschen die spirituellen Methoden anwenden, befinden sich in einer schwierigen Lebenslage, sind (chronisch, psychisch oder physisch) krank und haben daher eine schlechte Gesundheitsverfassung. Dies ist keine Auswirkung der Spiritualität, sondern beruht darauf, dass die Patient*innen zum Zeitpunkt ihrer Krankheit befragt wurden. In Studien kann zwischen dem Unterschied von Krankheit und Spiritualität als Bewältigung und Krankheit durch Spiritualität als Bewältigung oftmals kein signifikanter Unterschied festgestellt werden (vgl. Koenig et al. 2012, S. 601-603).

Weiter wurde festgestellt, dass gerade in schwierigen Lebenslagen von spirituellen Copingstrategien Gebrauch gemacht wird. Viele Menschen finden in schwierigen Phasen zum Glauben und gewinnen dadurch eine neue Copingstrategie (vgl. Koenig

---

[5] An dieser Stelle soll angemerkt werden, dass 4% der Studien zu dem Ergebnis kamen, das Spiritualität der psychischen Gesundheit schadet und 8,5% der Studien kamen zu dem Ergebnis, das Spiritualität der körperlichen Gesundheit schadet. Für einen Erklärungsansatz dieser doch signifikanten Zahlen siehe weiter unten.

et al. 2012, S. 603). Wenn ein Individuum wieder gesund ist, nimmt die spirituelle Ausrichtung in der Regel wieder ab.

Die spirituelle Ausrichtung eines Menschen hat viele Auswirkungen auf seinen*ihren körperlichen und geistigen Gesundheitszustand. Viele der folgenden Ergebnisse sind nicht wissenschaftlich erklärbar, dennoch zeigen sich in Studien signifikante Korrelationen. Feststeht: Spiritualität hilft, aber Wissenschaftler*innen ist noch nicht gelungen herauszufinden warum? (vgl. Bucher 2007, S. 104). Weiter ist jedoch klar, dass jemand nicht automatisch gesünder wird, nur weil er*sie seine*ihre Kraft aus einer spirituellen Quelle zieht, sondern aus einem gesunden und spirituellen Lebensstil heraus (vgl. Bucher 2007, S. 105).

Vaas und Blume (2009) beschreiben Spiritualität als Teilmenge von Religion und nicht als Gegensatz. Spiritualität grenzt sich laut ihrer Definition von Dogmen, Tradition und Kulturen ab und erschafft ein Gefühl der Verbundenheit der Natur und der Welt gegenüber (vgl. Vaas und Blume 2009, S. 26). Kritisch angemerkt werden muss jedoch, dass Vaas und Blume häufig zwischen den Begriffen Spiritualität und Religiosität wechseln, ohne vorher erkennbare Definitionsunterschiede festgelegt zu haben. Die in Kapitel 1.1. aufgestellte Definition von Spiritualität gleicht dennoch in vielerlei Hinsicht der von Vaas und Blume, daher ist es möglich, ihre Erkenntnisse für diese wissenschaftliche Arbeit wiederzugeben.

- Spirituell-Religiös geprägte Menschen haben durch ihre innere Ausrichtung einen *Anker im Leben* gefunden, der ihnen in kritischen Lebensphasen eine verwendbare Ressource zur Verfügung stellt, um solche Phasen ohne pathologische Auffälligkeiten zu überstehen (vgl. Vaas und Blume 2009, S. 118).
- Studien haben ergeben, dass religiös-spirituelle Menschen weniger Drogen konsumieren, weniger unter Depressionen leiden und sich weniger oft suizidieren (vgl. Vaas und Blume 2009, S. 119).

<u>Zwischenfazit:</u> Sowohl aktiv als auch passiv haben spirituelle Menschen Ressourcen und Copingstrategien, die sie anpassungs- und widerstandsfähiger in Krisensituationen machen. Der Glaube und das *sich verbunden fühlen* bieten Halt und Möglichkeit zum Ausgleich. Studien haben ergeben, dass Menschen die Spiritualität als Ressource ihr Eigen nennen können, diese oft aktiv nutzen. Spirituelle Menschen üben weniger gesundheitsschädliches Verhalten aus. Es kann davon ausgegangen

werden, dass dies durch die aktive Nutzung spiritueller Kompetenzen, Methoden und Handlungen entsteht.

Utsch (2005) erklärt, dass viele Menschen, die das Gefühl von "intensiver Ergriffenheit" (Utsch 2005, S. 10), Verbundenheit und dem Ausleben von tiefgreifenden Emotionen haben, als spirituell bezeichnet werden können. Weiter erklärt er, dass spirituelle Lebensfragen jeden betreffen und eine grundlegende Einstellung des*der Patienten*in erfordern. Für ihn steht fest, "dass religiöse oder spirituelle Erlebnisse rein psycho-»logisch« nicht umfassend, schlüssig und folgerichtig erklärt werden können." (Utsch 2005, S. 10). Daher lässt sich nur schwer eine Parallele zu der in Kapitel 1.1. aufgestellten Definition herstellen. Trotz des Ausbleibens einer eigenen Definition stellt Utsch jedoch einige Aspekte von *einer* Spiritualität auf, die der Arbeitsdefinition dieser Bachelorarbeit ähneln. Folglich können seine Erkenntnisse für diese Arbeit wiedergegeben und benutzt werden, sie sollten jedoch kritisch hinterfragt und als Indizien gesehen werden.

- Zunächst definiert Utsch auf Grundlage von Lazarus und Pargament (1997) drei religiöse Bewältigungsstile. Den *Eigenmächtigen,* bei dem der*die Patient*in das Gefühl hat seine*ihre Krise selbst bewältigen zu können. Daneben existiert der *Kooperative* Bewältigungsstil, bei dem das Individuum Gott als Partner in der Behandlung sieht und zuletzt den *Untergebenen* bei dem der Mensch Gott als allmächtig sieht und daher die Eigeninitiative komplett entfällt. Der *Kooperative* und der *Eigenmächtige* Bewältigungsstil können das psychische und körperliche Wohlbefinden deutlich steigern, weil die Person spürt, dass sie mit ihren Mitmenschen verbunden ist und sich in Folge dessen emotional geborgen fühlt. Wogegen der *Untergebene* Stil eher zu gesundheitsschädlichen Effekten führt, da der*die Patient*in das Gefühl hat, für seine*ihre Sünden bestraft zu werden; dies führt zu Ängsten, Depressionen und psychosomatischen Störungen (vgl. Utsch 2005, S. 73).

- Spirituelles Denken ist förderlich für den Heilungsprozess, darf jedoch nicht das Ziel sein. Spiritualität darf nicht als Mittel zum Zweck gesehen werden. In einem Erstgespräch soll exploriert werden, ob der*die Patient*in spirituelle Ressourcen innehat und dafür offen ist; erst dann sollen spirituelle Methoden eingesetzt werden (vgl. Utsch 2005, S. 155).

- Positive Effekte von Spiritualität lassen sich in fünf Kategorien zusammenfassen. 1. Die emotionale Entlastung; 2. Die moralische Orientierung; 3. Soziale Unterstützung; 4. Kognitive Neubewertung; 5. Mentale Bewältigung. Ressourcen, die aus einer spirituellen Lebensführung heraus entstehen, wie ein Weltbild, eine verantwortungsvolle Lebensführung, das Eingebunden sein in eine Gesellschaft, der Glaube an das Walten einer höheren Macht in einer kritischen Situation und Trost, Hoffnung, Gelassenheit können in die genannten Kategorien eingeordnet werden (vgl. Utsch 2005, S. 184).

<u>Zwischenfazit:</u> Spiritualität bietet die Möglichkeit aus sich heraus neue Ressourcen für das Individuum zu etablieren. Aus den zur Verfügung stehenden Ressourcen können mit Hilfe von unterschiedlichen Copingstrategien Therapiepläne entwickelt werden, die es erlauben seine*ihre Krankheit positiv zu deuten und zu überwinden. Diese verschiedenen Stile müssen exploriert und abgewogen werden, um im weiteren Therapieverlauf zu entschieden, ob und wenn ja wie, spirituelle Methoden Platz in der Therapie finden. Es muss sich bewusstgemacht werden, dass Spiritualität und Religiosität nicht verzweckt werden dürfen. Spiritualität soll in der Therapie nicht das Mittel zum Zweck sein, sondern eine Erweiterung der Methoden und Möglichkeiten zur Bewältigung darstellen. Weiter können spirituelle Ressourcen in zahlreiche Unterkategorien differenziert werden.

Bucher (2007) sieht Spiritualität und Religiosität nicht als konträr, sondern als sich aufeinander beziehende, aber nicht deckungsgleiche Felder. Spiritualität stellt laut ihm eine persönliche Beziehung dar und grenzt sich von Riten, Dogmen und Traditionen teilweise ab. Weiter ist er der Meinung, dass Spiritualität nicht erlernt werden kann, sondern das diese gesucht, selbst erlebt und erfahren werden muss um zu erkennen, was Spiritualität bedeutet (vgl. Bucher 2007, S. 10). Spiritualität ist laut Bucher eine Ressource und ein Copingfaktor (vgl. Bucher 2007, S. 12-13). Da viele der genannten Aspekte von Spiritualität mit der Arbeitsdefinition aus Kapitel 1.1. übereinstimmen, werden die Ergebnisse folgend kurz wiedergegeben. Angemerkt werden soll vorher jedoch, dass Bucher selbst nur eine Auswertung vornimmt. Hinsichtlich der verschiedenen Forschungsdesigns verweist er auf die Primärliteratur und greift ebendiese nicht nochmal auf oder stellt sie kritisch in Frage. Die einzelnen Definitionen von Spiritualität in den Studien werden nicht besprochen und dargelegt, sondern werden als per se spirituell behandelt. Die nachstehenden Ergebnisse sollten daher als Indizien für positive Faktoren gesehen werden.

- In spirituell geprägten Familien ist die Wahrscheinlichkeit Unterstützung in einer schwierigen Zeit zu erhalten erhöht. In Bezug auf den gleich spirituell sozialisierten Freundeskreis lässt sich sagen, dass auch dieser häufiger Lösungsstrategien für die hilfesuchende Person anbietet (vgl. Bucher 2007, S. 84).

- Spiritualität und ihre Ausprägung der Praktiken werden oftmals erst in Krisensituationen, bei Missbrauch und Gewalt relevant. Das Individuum erkennt erst mit Entstehen einer Krisensituation, welche Problemlösestrategien Spiritualität bietet. Oftmals werden mit diesen *neu* erlebten Methoden die kritischen Lebensereignisse überwunden (vgl. Bucher 2007, S. 84).

- Bucher erklärt, dass Spiritualität nicht direkt physische Gesundheit vermittle, sondern Spiritualität den Patient*innen zu einer gesünderen Lebensweise anregt, welche sich dann wieder positiv auf die psychische Gesundheit auswirkt (vgl. Bucher 2007, S. 105).

- Spirituelle Ressourcen können unter gewissen Umständen das Ertragen von körperlichen und seelischen Schmerzen erleichtern (vgl. Bucher 2007, S. 118).

Zwischenfazit: Familien und Freundeskreise welche spirituell-religiös sozialisiert sind, bieten sich für gewöhnlich bei kritischen Lebensereignissen an und helfen öfter. Dadurch wirkt Spiritualität nicht direkt, korreliert jedoch mit einer anderen Bewältigungsstrategie, nämlich mit der Hilfe von nahestehenden Menschen. Spirituelle Denkweisen werden häufig erst in Krisensituationen in Methoden und Praktiken umgesetzt. Dies bedeutet, dass vielfach nichts von der spirituellen Ausrichtung eines Menschen bekannt ist, bis zu dem Zeitpunkt, an dem das Individuum diese auslebt. Dadurch wird es besonders schwierig die Spiritualität eines Menschen im Alltag zu erleben und erfordert vielleicht, diese offen während der Exploration des*der Patient*innen abzufragen. Spiritualität und spirituelle Methoden wirken nicht sofort ab der Nutzung dieser. Die spirituelle Ausrichtung eines Menschen korreliert passiv mit der Gesundheit und hilft nicht nur bei psychischen Störungen, sondern auch bei körperlichen Beschwerden. Weiter wird nochmals darauf hingewiesen, dass spirituelle Methoden nicht genutzt werden dürfen, weil man davon ausgeht, dass dieses allein Nutzen mit sich bringt. Spirituelle Methoden müssen und sollen angewandt werden, weil jemand spirituell veranlagt ist und nicht, weil sich allein durch die Methode eine Verbesserung erhofft wird. Dieser Umstand weist darauf hin, dass Spiritualität nicht verzweckt werden sollte.

Nach der Sichtung aktueller Studien und unter Einbeziehung der Arbeitsdefinition von Spiritualität und Ressource soll nun versucht werden eine Antwort zu finden, ob Spiritualität auch eine Ressource im Sinne der Definition darstellt.

Spiritualität ermöglicht dem Individuum eigene Bewältigungsstrategien zu erarbeiten und es erfährt dadurch, dass es mit dem ihm*r zur Verfügung stehenden Ressourcen selbst handlungsfähig ist. Weiter erhöht der Lebensstil die eigene Widerstandsfähigkeit, wie man an den Studien bzgl. psychischer Krankheiten sehen kann. Durch das zugrundeliegende Weltbild, der Lage, sich mit anderen Menschen verbunden zu fühlen, emotionaler Entlastung und vermehrter sozialer Unterstützung existiert häufig eine gelungenere Lebensführung. Diese schon zur Verfügung stehenden Ressourcen und Ansatzpunkte für spirituelle Methoden kann der*die Patient*in in die Krisensituation und seine allgemeine Lebensführung integrieren, um in schwierigen Lage handlungsfähig zu bleiben und diese zu bewältigen.

Abschließend lässt sich unter Berücksichtigung der aktuellen Studienlage sagen, dass Spiritualität das Individuum hinsichtlich einer gelingenden Lebensführung und der Bewältigung von Anforderung an ihn*sie unterstützt und positiv bestärkt, weshalb – unter Berücksichtigung der Definition - davon ausgegangen werden kann, dass Spiritualität eine Ressource ist.

4.2 Aktive Möglichkeiten der Ressourcenorientierung

> "Den Weg zu gehen, heißt immer wieder zur Aufmerksamkeit zurückzufinden, immer wieder das zu sehen, was gerade ist, zu üben, die eigene Wirklichkeit geduldig anzunehmen. Einen großen Schritt sind wir gegangen, wenn wir aufhören, mit anderen und vor allem gegen uns selbst zu kämpfen (Jahrsetz 1999, S. 75)

Zu Beginn der Therapie müssen die Patient*innen und Klient*innen aufgeklärt werden. Ihnen sollen die (spirituellen) Methoden nähergebracht werden und erläutert werden, wie diese funktionieren. Wichtig ist weiter, dass sie Schritt für Schritt individuell durch die Anwendung geleitet werden und entschieden wird, welche Methode für das vorliegende Störungsbild am sinnvollsten erscheint. Dies ermöglicht sowohl den Teilnehmenden, als auch dem*der Anleitenden die

Möglichkeit sich an den Methoden und in ihrer Achtsamkeit auszuprobieren und zu üben (vgl. Wurll 2011, S. 111). Weiter muss nochmal darauf hingewiesen werden, dass nur wissenschaftlich evaluierte Methoden in der krankenkassenfinanzierten Psychotherapie genutzt werden dürfen.

Kinder und Jugendliche müssen zu Beginn der Therapie zunächst mit den ihnen zur Verfügung stehenden Ressourcen arbeiten. Jugendliche übersehen ihre eigenen Ressourcen oft und bewerten diese kritisch, weil sie keine direkte Veränderung mit sich bringen, sondern vielmehr etwas indirekt und über einen längeren Zeitraum ändern (vgl. Bußmann et al. 2013, S. 22).

Weiter soll deutlich hervorgehoben werden, dass diese Methoden keine Allheilmittel darstellen, aber eine Möglichkeit bieten, den Kindern und Jugendlichen weitere Methoden, welche in ihre Weltanschauung passen, zu integrieren.

4.2.1 Achtsamkeitsbasierte Verfahren – Enttäuschung des Alltags?

Achtsamkeitsbasierte Verfahren entspringen ursprünglich dem Buddhismus; heutzutage werden diese jedoch auch in Medizin, Psychotherapie und in Entspannungs- und Stressbewältigungsseminaren angewendet (vgl. Frick 2011, S. 53). Gerade die kognitive Verhaltenstherapie hat das Potenzial zur Verwendung der achtsamkeitsbasierten Methoden erkannt und nutzt dieses mit Hilfe von MBSR (Mindfulness based stress reduction) oder MBCT (Mindfulness based Cognitve Therapy), häufig auch durch AT (Autogenes Training[6]) oder PMR (Progressive Muskelrelaxation[7]). Der Begriff der Achtsamkeit ist ebenso mannigfaltig geprägt wie der Begriff der »Spiritualität«. Daher sollen an dieser Stelle die, für den Verlauf dieser Bachelorarbeit, wichtigsten Aspekte von Achtsamkeit genannt werden.

Achtsamkeit ist ein fortlaufender Prozess, welcher die Gegenwart in seiner Vollkommenheit wahrnimmt und diese wahrheitsgetreu und nüchtern beschreibt. Zudem ist sie jedoch auch eine Methode und ein Instrument, um das seelische Wohlbefinden zu analysieren und wahrzunehmen und ermöglicht dem Menschen dieses mehr in den Blick zu nehmen (vgl. Anderssen-Reuster 2011, S. 220). Die Achtsamkeit ist keine Methode, um "großartige Erleuchtungserlebnisse" (Frick 2011, S. 46) zu erfahren, sondern sie versucht alltagsnah und individuell erleb- und erfassbar

---

[6]   Im weiteren Verlauf dieser Bachelorarbeit mit AT abgekürzt.

[7]   Im weiteren Verlauf dieser Bachelorarbeit mit PMR abgekürzt.

zu agieren. Alle achtsamkeitsbasierten Methoden streben eine korrektive Wahrnehmung des Individuums und der Welt an, so werden oftmals Fragen gestellt wie: »Was sehe, fühle, höre, schmecke oder rieche ich? Wie fühlt sich dieser Moment an? Bin ich offen für diese Erfahrung?« (vgl. Zwiebel 2011, S. 85–86).

Achtsamkeitsbasierte Methoden wie Meditation, AT, PMR stehen grundsätzlich allen Menschen offen. Zu Beginn einer Therapie, kann ein Einsatz solcher Methoden sehr schwierig und zeitintensiv sein, weil die antrainierten (schlechten) Gewohnheiten der Patient*innen erst mit viel Einsatz durchbrochen werden müssen. Im weiteren Verlauf und besonders gegen Ende einer Therapie wird der Einsatz von Achtsamkeitsbasierten Methoden sehr empfohlen. Viele Patient*innen, welche kurz vor einer Entlassung stehen, haben die nötige Motivation, ihre persönliche und emotionale Stabilität weiter aufrecht zu erhalten. Sie haben im Laufe ihrer Therapie Einsichten in ihre Gefühlslage erhalten und eingesehen, dass sie selbst etwas für ihre Gesundheit tun müssen. Auch die Motivation nach einer Entlassung sollte genutzt werden um den Patient*innen Methoden zur weiteren Förderung ihrer Gesundheit mit auf den Weg zu geben (vgl. Anderssen-Reuster 2011, S. 217).

Besonders Kinder und Jugendliche, welche aggressives und oppositionelles Verhalten zeigen, können von Verfahren, die zur Entspannung anregen, profitieren. Sie sind zu Beginn der Einheit in aller Regel leicht zu erregen und motorisch unruhig. Diese Methoden sollten vor jeder Therapieeinheit genutzt werden, um den Patient*innen die Möglichkeit zu geben, sich vor dem Start der eigentlichen Therapie zu entspannen. Zudem ist ein festes Ritual zu Beginn von großem Vorteil, da sich die Kinder und Jugendlichen an einen fest etablierten Ablauf halten können und so Sicherheit vermittelt bekommen (vgl. Petermann und Vaitl 2009, S. 356).

Im Folgenden wird sich besonders auf die Meditation, PMR und AT bezogen, weil Methoden dieser Art vergleichsweise leicht zu erlernen sind und sich gut in den Lebensweltalltag integrieren lassen. Dies erleichtert den Einstieg und die Ausübung für Kinder und Jugendliche. Es wird überprüft ob diese Methoden gemäß Arbeitsdefinition spirituell sind und Hinweise und Anweisungen zur Durchführung gegeben. Diese Methoden wurden für den Zweck dieser Arbeit ausgewählt, weil sie wissenschaftlich evaluiert sind und mittlerweile zum *Standardrepertoire* gehören (vgl. Petermann und Vaitl 2009, S. 1–2). AT und PMR sind besonders hervorzuheben, da diese im Rahmen von SGB V §20 zu Methoden der Primärprävention zählen. Dadurch sind sie von Krankenkassen anerkannt und können über diese refinanziert werden. Häufig wird dafür auch eine spezielle Aus- oder Weiterbildung benötigt.

4.2.1.1 Die Meditation

Die Meditation [zu Deutsch: Nachdenken, überlegen] hat ihre Wurzeln im religiös-spirituellen Bereich und stellt damit eine Ausnahme in der Reihe der vorgestellten Methoden dar. So wird diese Methode auf dem ganzen Globus von unterschiedlichen Individuen aus unterschiedlichen Gründen für ein unterschiedliches Ziel eingesetzt, daher zeichnet sich diese Form der aktiven Ressourcenorientierung gerade durch seine Heterogenität aus. Es existieren Formen der Meditation, die mit Bewegung arbeiten, manche entspringen einer christlichen oder fernöstlichen Tradition oder stammen aus dem Kreis des Zen oder des Vipassana (vgl. Ott 2009, S. 133). Weiter zählen auch die Methoden Yoga und seine vielen Unterformen zur Meditation. Viele versuchen Ihre spirituelle Entwicklung zu fördern oder gar bis hin zu einer Erleuchtung zu kommen. Die Entspannung und Ruhe sind dabei nicht das Ziel, sondern eine Grundvoraussetzung für die Meditation, was häufig außen vorgelassen wird (vgl. Ott 2009, S. 132). Durch Übungen, die gut für die Achtsamkeit oder Konzentration sind, soll sich der Geist sammeln und beruhigen. Dabei wird versucht je nach Tradition Eins zu sein mit der Natur und Umwelt, Anzukommen im Hier und Jetzt und die Gegenwart zu realisieren oder sich von störenden Gedanken zu befreien. Aufgrund der vorhergehenden Merkmale der Meditation, können Parallelen zu der Arbeitsdefinition von Spiritualität gezogen werden, weswegen die Meditation zu einer Methode aus dem spirituellen Anwendungsgebiet gezählt werden kann.

In den fernöstlichen Traditionen wird weiter unterschieden zwischen Methoden der Konzentration, bei welchen sich während der Übung die Aufmerksamkeit auf ein bestimmtes Objekt richtet oder die Achtsamkeitsmeditation, bei der wichtig ist, dass alle Eindrücke gleichermaßen mit einer distanzierten Haltung verarbeitet werden (vgl. Ott 2009, S. 132f.).

Aufgrund der hohen Anzahl an Studien zum Thema Meditation, ergibt es Sinn von einer eigenen Meditationsforschung zu sprechen (vgl. Ott 2009, S. 136). Metastudien haben ergeben: Wenn man Meditation mit PMR oder Hypnose vergleicht, erzielt diese über eine große Anzahl von Störungen (Stress, Gespanntheit, Asthma, Schlafstörungen, Suchterkrankungen, Angstneurosen) bessere Ergebnisse. Gerade aufgrund der schnellen Lern- und Anwendbarkeit ist die Meditation eine Methode, welche sich gut in den Lebensweltalltag, besonders im Hinblick auf die Zeit nach der Therapie, integrieren lässt (vgl. Ott 2009, S. 136). Auch hier zeigt sich in der Grundlagenforschung, dass Meditation zwar vielen Menschen zur Entspannung hilft, aber längst nicht allen. Somit ist die Wirkung von Meditation nicht für jeden Menschen in jeder Lage garantiert. Obwohl die Meditation ähnlich positive Ergebnisse wie die anerkannten Methoden AT und PMR erzielt, wird sie in vielen Fällen aufgrund ihrer Tradition nicht in den Therapieverlauf integriert (vgl. Krampen 2013, S. 23).

Sollten Meditationsmethoden in der Psychotherapie eingesetzt werden, können diese auf einer weltanschaulich neutralen Ebene integriert werden. So werden solche Methoden häufig auf ihre Ziele wie körperliche Ruhe oder die Möglichkeit einer beobachtenden, ruhigen Haltung reduziert und nicht mit ihrer spirituell-religiösen Tradition verbunden (vgl. Krampen 2013, S. 138).

Meditation erfolgt suggestiv und entsteht aus einer Mischung von Selbstkonzentration und Gewähren-lassen, wobei der Fokus üblicherweise auf einem Gegenstand, den Atem, das Wort oder ähnliches gelegt wird (vgl. Krampen 2013, S. 28). Aufgrund dessen ist die Meditation verglichen mit dem AT oder der PMR ein sehr risikobehaftetes Verfahren, da gerade während einer Achtsamkeitsmeditation, viel mit sich selbst und dem Erlebten gearbeitet wird und noch nicht verarbeitete Erlebnisse zu Schockzuständen oder Krisensituationen führen können. Durch den Wegfall der Umgebung und den Schutz des Unterbewusstseins kann es zu einer Art Kontrollverlust kommen, bei dem Gedanken und Gefühle auftauchen, die sonst unterdrückt werden. Daher gilt hier auch äußerste Vorsicht bei der Anwendung bei Patient*innen mit affektiver Erregung und psychotischen Erkrankungen (vgl. Krampen, S. 139).

Kindern und Jugendlichen bietet sich bei der Meditation aufgrund der simplen Methoden die Möglichkeit eines schnellen Einstiegs ohne große vorherige Einübung. Die Fokussierung sollte bei jüngeren Kindern auf etwas liegen, was sie selbst spüren, so dass sie die Auswirkung der Meditation direkt am eigenen Körper erleben können. Im Folgenden werden zwei Methoden der Meditation vorgestellt.

Beispiel 1:

> "Nachdem man eine versammelte, würdevolle Haltung eingenommen hat, lenkt man seine Wahrnehmung/Achtsamkeit auf die Nasenflügel oder die Oberlippe zu lenken, wo die Atemströmung deutlichen gespürt werden kann. Alternativ kann man das

Heben und Senken des Bauches beobachten. Wichtig ist, dass die Achtsamkeit, die immer wieder aufs Neue aufgebaut werden muss, beim Atem bleibt. Die Atemmeditation führt zur Konzentration und zur Beruhigung. Die wild umherschweifenden Gedanken und Gefühle werden weniger dominant und treten in den Hintergrund." (Atemmeditation nach Anderssen-Reuster 2011, S. 224)

Beispiel 2:

"Langsam und bewusst einen Schritt vor den anderen setzen. Bewusst den Boden, die wechselnde Untergrundbeschaffenheit, die wechselnden Farben und Außeneinflüsse wie Gerüche, Temperatur, Wind usw. wahrnehmen. Zugleich aber auch auf die innere Kohärenz, die Aufrichtung, die „Versammeltheit", den Atem und eine „würdevolle" präsente Haltung achten." (Meditatives Gehen nach Anderssen-Reuster 2011, S. 228)

4.2.1.2 Autogenes Training

Das Autogene Training ist im europäischem Raum eine Standardmethode geworden und zählt zu den bekanntesten und am meist evaluierten Entspannungsverfahren. Anerkennung in der Medizin, Psychiatrie und Psychotherapie hat diese Methode schon seit Langem. Schultz (1884-1970) entdeckte während einer Hypnosesitzung die Möglichkeit einer Art Selbsthypnose. Die Patient*innen spürten ein Gefühl von Ruhe und Entspannung, Schwere und Wärme in den Gliedmaßen. Schultz ging von einer selbst induzierten Entspannung aus, die den ganzen Körper in einen Ruhezustand versetzt (vgl. Petermann und Vaitl 2009, S. 62).

Bevor weiter auf Formen und Möglichkeiten der Durchführung von AT eingegangen werden soll, wird mit Hilfe der Arbeitsdefinition aus Kapitel 1.1. erörtert, ob das Autogene Training eine Methode ist, welche als spirituell bezeichnet werden kann.

Das Autogene Training ermöglicht dem Individuum sich selbst zu entspannen und zur Ruhe zu finden. Dabei wird der Körper wahrgenommen, bewusst gespürt und durch Selbsthypnose zur Veränderung bewegt. AT kann ausgeführt werden, unabhängig von Ort und Zeit oder Herkunft und Tradition. Durch diese Methode sind außergewöhnliche (Selbst-)Erfahrungen möglich. In Bezug auf die Definition von Spiritualität in Kapitel 1.1. lässt sich sagen, dass Autogenes Training in vielen Punkten mit der Definition übereinstimmt. Daher lässt sich schlussfolgern, dass AT eine Methode aus dem spirituellem Anwendungsgebiet darstellt.

Die Standard Methode von autogenem Training umfasst sechs Unterstufen-Übungen:

Schwere Übung	Der rechte Arm / linke Arm / rechtes Bein / linkes Bein ist angenehm schwer	Schwereempfindung
Wärme-Übung	Der rechte Arm / linke Arm / rechts Bein / linkes Bein ist angenehm warm	Wärmeempfindung
Herz-Übung	Dein Herz schlägt ruhig und gleichmäßig	Wahrnehmung des Herzschlags
Atem-Übung	Es atmet mich	Wahrnehmung der Atmung
Sonnengeflecht-Übung	Mein Sonnengeflecht ist strömend warm	Wärmeempfindung im Bauchraum
Stirnkühle-Übung	Deine Stirn ist angenehm kühl	Empfindung von Kühle und Frische im Stirnbereich

Tabelle 1 – Exemplarische Durchführung des AT

nach Petermann und Vaitl 2009, S. 65.

Angeleitet werden sollte eine solche Methode in einem hellen Raum mit frischer Luft und im Sitzen. Weiter soll den Patient*innen die Möglichkeit gegeben werden, diese Übung jederzeit abzubrechen und den Raum zu verlassen. Dies erleichtert den Einstieg und senkt die Angst oder Anspannung vor dem AT. Zusätzlich soll erklärt werden, dass AT eine Form von Selbsthypnose darstellt, aber keinen Kontrollverlust beinhaltet. Nicht jede*r wird nach der ersten Anwendung körperliche oder psychische Veränderungen feststellen, bei manchen Teilnehmenden sind diese jedoch schon bei der ersten Anwendung stark ausgeprägt. Wichtig ist, dass Effekte nicht spontan auftreten, sondern erklärt, eingeübt und trainiert werden müssen. Jede*r Patient*in soll die Möglichkeit haben jene Methoden auszuprobieren und zu erleben, unabhängig von den eigenen Vorurteilen dieser gegenüber. Daher ist es von Vorteil, erst die Einheit durchzuführen und danach weitere theoretische Kenntnisse zu vermitteln. Wichtig ist, dass nach jeder Durchführung eine Rückholung (Schnelle Bewegung der Arme – Ausstrecken und Einknicken der Ellbogen) und ein Gespräch stattfindet.

Patient*innen berichten bei dieser Übung von kurzfristigen und längerfristigen Veränderungen. Kurzfristig entsteht nach der Übung ein Gefühl von körperlicher Ruhe und Frische. Diese Effekte steigern sich, je häufiger solche Methode angewendet werden. Sowohl körperliches als auch seelisches Wohlbefinden der Person steigert sich von Sitzung zu Sitzung (vgl. Petermann und Vaitl 2009, S. 72). Es existieren mehrere langandauernde Studien die Petermann und Vaitl evaluieren und zu dem Schluss kommen, dass sich AT günstig auf unterschiedliche psychische Prozesse, wie zum Beispiel das Gefühl der Entspannung und Erholung auswirkt.

Diese Methode ist anwendbar für Kinder und Jugendliche, die nicht unter einer der folgenden Erkrankungen leiden: Herzrasen, Bluthochdruck, akute Psychosen oder Erkrankungen aus dem schizophrenen Formenkreis. Sollten Beschwerden während des autogenen Trainings auftauchen, wird geraten dies nicht mehr fortzuführen. Indiziert ist diese Methode gerade bei Erschöpfung und Belastung, Nervosität, Schmerzzuständen, Problemen in der Selbstkontrolle, Hilfe bei täglichen Belastungsmomenten, Verbesserung des Allgemeinbefindens und Prävention (vgl. Petermann und Vaitl 2009, S. 74).

4.2.1.3 Progressive Muskelrelaxation

Die Methode der Progressiven Muskelrelaxation - auch Progressive Muskelentspannung genannt - wurde 1929 von Edmund Jacobsen entwickelt. Er fand heraus, dass ein Zustand der Ruhe und Entspannung eintritt, wenn zugleich eine Reduktion des neuromuskulären Tonus sichtbar wird (vgl. Petermann und Vaitl 2009, S. 143). Dementsprechend bedeutet das, dass eine Veränderung der Muskelspannung auch eine Veränderung der mentalen Prozesse nach sich zieht. Ziel der PMR ist eine willentlich herbeigeführte Reduktion der Muskelspannung.

Anhand der aufgestellten Definition von Spiritualität wird nun überprüft, ob die PMR eine Methode aus dem spirituellen Methodenkreis darstellt.

Das Individuum soll lernen bewusst wahrzunehmen, welche Muskeln in diesem Moment verspannt sind und selbst durch Bewegungen den Versuch unternehmen diese zu regulieren. Dieses Bewusstmachen der eigenen Muskeln ist das Hauptziel der PMR. Dieses Bewusstsein gilt es in den Alltag zu integrieren und somit unabhängig von angeleiteter PMR ausüben zu können. Diese Möglichkeit Entspannung herbeizuführen, ist nicht begrenzt auf Zeiten oder Orte und ermöglicht dem Individuum außergewöhnliche Erfahrungen zu machen, welche ihm erlauben, sich selbst in seinem Handeln zu erleben. PMR bietet zudem eine Möglichkeit, sich selbst zu sehen und die Gegenwart zu erfassen, analysieren und erleben zu können (vgl.

Petermann und Vaitl 2009, S. 141-153). Aufgrund dessen kann die PMR zu einer Methode aus dem spirituellen Anwendungsgebiet gezählt werden.

Grundsätzlich geht es bei der PMR darum, dass einzelne Muskelgruppen immer wieder angespannt und entspannt werden. Vor und nach der Anspannung versucht das Individuum zu fühlen, wie das Gefühl für den Muskel sich verändert hat; fühlt er sich entspannter oder verspannter an? Man nimmt sich kurz Zeit in seinen Körper zu horchen. Je nach Form der PMR geschieht dies in 17 Muskelgruppen, teilweise jedoch auch zusammengefasst in sieben oder vier Muskelgruppen. So lange das Grundprinzip von An- und Entspannung verschiedener Muskeln nicht verändert wird, sind alle Möglichkeiten der Ausübung denkbar. Die Möglichkeit, die im Körper vorhandenen Muskeln in vier gemeinsame Gruppen aufzuteilen ist aufgrund seiner Kürze besonders gut in den Alltag zu integrieren und bietet darüber hinaus im Therapieverlauf die Möglichkeit, als Ritual zu Beginn genutzt zu werden. Diese Möglichkeit soll nun kurz vorgestellt werden.

Instruktion	Muskelgruppen
Ballen Sie mit beiden Händen eine Faust und drücken Sie Ihre Unterarme mit möglichst viel Kraft an Ihre Oberarme.	Unterarmmuskulatur (Handstrecker/Handbeuger) Oberarmmuskulatur (Armbeuger/Armstrecker)
Drücken Sie Ihre Füße gegen den Boden und versuchen Sie Ihre Zehenspitzen zu sich ran oder von sich weg zu drücken, so dass Sie die Wadenmuskulatur spüren.	Unterschenkelmuskulatur Gesäßmuskulatur Oberschenkelmuskulatur
Setzen Sie sich gerade hin. Ziehen Sie Ihren Bauch ein und ziehen Ihre Schultern hoch und gleichzeitig nach Hinten, so dass Sie Ihre Brust rausstrecken. Halten Sie zudem die Luft an.	Bauchmuskulatur Rückenmuskulatur Zwischenrippenmuskulatur Zwerchfell Schultermuskulatur
Stellen Sie sich vor, Sie würden gerade in eine Zitrone beißen. Kneifen Sie Ihre Augen fest zusammen, ziehen Sie Ihre Stirn hoch und drücken Sie die Kiefer aufeinander.	Stirnmuskulatur Gesichtsmuskulatur

Tabelle 2 – Exemplarische Durchführung einer PMR

nach Petermann und Vaitl 2009, S. 145-147.

Die Phase der Anspannung sollte zu Beginn den Zeitraum von 15 bis 20 Sekunden nicht überschreiten. Während der Phase der Entspannung soll gespürt werden, wie der Muskel auf den Wechsel der Spannung reagiert. Weiter sollte dieses Verfahren im Sitzen durchgeführt werden.

Eine wissenschaftliche Evaluierung der PMR fällt aufgrund der Methodenvielfalt schwer. So werden nicht nur in verschiedenen Bereichen verschiedene Formen von PMR verwendet, sondern jede*r Patient*in vollzieht diese Übung unterschiedlich stark. Auch die verwendeten Suggestionsformeln schwanken je nach Anleiter*in, ebenso die Zeit der An- und Entspannung, die Abfolge, Anzahl der Muskelgruppen usw. Eine Studiensuche via PubMed ergab alleine in den letzten 10 Jahren 456 Studien zum Thema PMR[8]. Dabei existieren Studien, die überprüfen, ob PMR allgemein eine Methode ist, welche gut anwendbar ist und Studien, die aufzeigen, wie PMR sich bei einzelnen Störungsbildern unterstützend auswirkt. Die aktuelle Befundlage ist nicht klar und bietet sowohl Argumente für und gegen eine Anwendung. Dies lässt sich jedoch oft auf die unterschiedlichen Studienbedingungen zurückführen. Bewiesen ist jedoch, dass PMR zu einer Senkung der Herz- und Atemfrequenz führt und eine hypnoseähnliche Entspannung hervorruft (vgl. Paul 1969, S. 425-437). Alles Weitere, konnte bis jetzt noch nicht eindeutig herausgefunden werden. Eine weitere wissenschaftliche Auseinandersetzung steht hierbei also noch aus.

Jacobsen ging bei seiner Entdeckung von einer universellen Wirksamkeit aus, da Entspannung in jeder Situation zu einer gesünderen Lebensführung hilft (vgl. Petermann und Vaitl 2009, S. 148). Eingesetzt wird dieses Verfahren heutzutage schon in der Verhaltenstherapie. Dabei soll der*die Patient*in auf kleine Formen von Anspannung und Stress achten und dies aktiv als Copingstrategie dagegen einsetzen (vgl. Petermann und Vaitl 2009, S. 150). Gerade bei ADHS (vgl. Saile 2009, S. 412-422) und Stress (vgl. Hampel und Petermann 2009, S. 464-477) kann PMR helfen, dem jungen Menschen eine Copingstrategie aufzeigen, um Stressphasen möglichst positiv zu bewältigen.

---

[8]   Zuletzt überprüft am: 27.06.2017.

4.3 Passive Faktoren – Der Zusammenhang zwischen positiven Lebensweisen und Spiritualität

In diesem Abschnitt werden Zusammenhänge zwischen einer spirituellen und einer gesundheitsförderlichen Lebensweise untersucht. Erörtert werden soll, wie eine passive spirituelle Lebensweise eine Auswirkung auf die psychische und physische Gesundheit haben kann.

Spiritualität kann eine weitere Ressource sein, welche passiv zu einer gesünderen Lebensführung beiträgt. Weitere Ressourcen, die ebenso stärken können, sind zum Beispiel eine gute finanzielle Absicherung, medizinische Grundversorgung, Unterstützung der Familie, Humor, Haustiere und Ehrenamt (vgl. Koenig et al. 2012, S. 79f.). All diese Faktoren können einem Individuum helfen, Krisen vorzubeugen oder passiv zu bewältigen und die Gesundheit zu erhalten oder zu stärken.

In der jüngeren Diskussion über Spiritualität werden vor allem die positiven Effekte benannt und das nicht nur bezogen auf psychische Eigenschaften, sondern auch auf körperliche Merkmale. Die gewonnenen Erkenntnisse klingen außergewöhnlich, sollten jedoch als Indizienbeweise angenommen und kritisch hinterfragt werden (vgl. Bucher 2007, S. 104).

Spiritualität gibt dem Menschen ein positives Weltbild. Darunter könnte zum Beispiel ein Leben nach dem Tod oder das Wissen, dass alles einen Grund hat und am Ende des Lebens alles zu einem guten Ende kommt gefasst werden. Weiter sehen viele spirituelle Menschen eine Bedeutung in einem kritischen Ereignis und erleben die Möglichkeit aus diesem negativen Ereignis positive Energie zu erhalten und gestärkt die Krise zu überwinden. Christliche Spiritualität bietet außerdem die Möglichkeit, sein eigenes Handeln und die Lebenssituation in biblische Geschichten oder Erzählung einzuordnen. Oftmals ist auch ein Vergleich mit einer Figur typisch, die eine ähnliche Situation erlebt hat, wie in der christlichen Spiritualität Personen aus der Bibel.

Psychologisch bleibt eine passive Stärkung festzuhalten. Durch die Möglichkeit der Bedeutung und der Möglichkeit eine positive Wende zu erfahren, werden Menschen die spirituell sind häufig nicht in eine Lebenskrise gestürzt. Weiter haben Menschen das Gefühl, auch in ausweglosen Situationen etwas durch ein Gebet oder ähnliches verändern zu können. Sie haben daher nie das Gefühl machtlos und ohnmächtig zu sein. Das Gefühl, dass man bei Entscheidungen und in schwierigen

Situationen begleitet wird, spendet Trost und hilft spirituellen Individuen durch den Alltag (vgl. Koenig et al. 2012, S. 91).

Ein weiterer Aspekt der passiven Gesundheitsförderung ist die Sinnfindung. Erstens haben spirituelle Menschen üblicherweise Antworten auf ihre Lebens- und Sinnfragen gefunden und haben zweitens, eine spirituell-religiöse Gemeinschaft oder soziale Gruppe, die ihnen bei der Suche nach einer Antwort beisteht. Durch diese erhalten sie Rückhalt in schwierigen Zeiten.

Daraus ableitend bietet Spiritualität also passiv folgende Stärkungsmöglichkeiten:

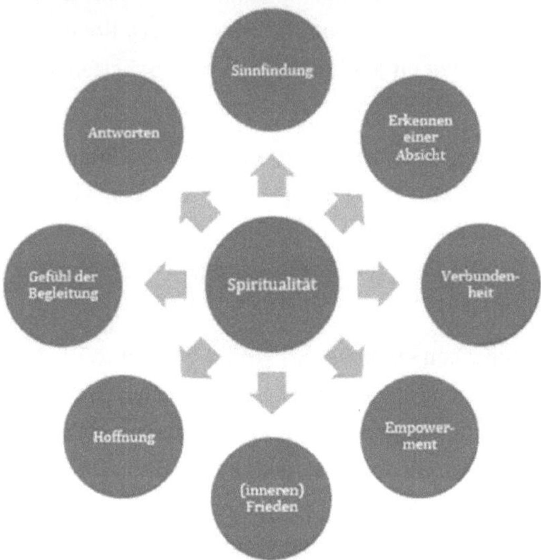

Abbildung 5 – Möglichkeiten der passiven Stärkung der Gesundheit durch die Ressource Spiritualität nach Koenig et al. 2012, S. 91–93.

Bucher (2007) erläutert in seinem Werk eine häufige Korrelation zwischen Spiritualität und einer gesunden Lebensweise (vgl. Bucher 2007, S. 105). Dabei forscht Bucher nicht selbst, sondern wertet die vorhandene Studienlage aus und verdeutlicht anschaulich den aktuellen wissenschaftlichen Diskurs und die Erkenntnisse zu positiven Effekten von Spiritualität. In Kapitel 3.1. wurde schon überprüft, ob die Definition von Spiritualität deckungsgleich sind, weswegen an dieser Stelle auf Kapitel 3.1. verwiesen wird. Die positiven Erkenntnisse werden nun kurz zusammengefasst wiedergegeben.

- Spiritualität kann ein niedriges Körperselbstwertgefühl kompensieren (vgl. Bucher 2007, S. 118).

- Spirituelles Wohlbefinden und spirituelle Lebensziele korrelieren negativ mit Depressivität. Spiritualität erfüllt ihm Hinblick auf Depressivität eine Art *Pufferfunktion* (vgl. Bucher 2007, S. 121).

- Während kritischer Lebensereignisse deuten spirituelle Menschen ihre Problematik eher als eine Herausforderung und ziehen daraus einen positiven Nutzen (vgl. Bucher 2007, S. 132).

- Spiritualität wirkt sich positiv auf die Psychohygiene aus und kann psychosomatischen Beschwerden vorbeugen (vgl. Bucher 2007, S. 131).

Bucher begründet dies wie folgt: Menschen in prekären Lebenssituationen lassen häufiger spirituelle Deutungen zu und haben damit auch mehr Kontrollmotive und -möglichkeiten inne. Dies gilt sowohl bezogen auf die primäre Kontrolle, indem sie versuchen mit Beten die Situation zu verändern, als auch mit sekundärer Kontrolle, also der positiven Umdeutung (s. Kapitel 1.3.) einer Krisensituation (vgl. Bucher 2007, S. 119).

Im Gegensatz zur Spiritualität als Copingfaktor, sind viele andere Copingfaktoren nicht in jeder Lebenskrise anzuwenden, weil sie durch aufkommende Krisen so stark erschüttert werden können, dass diese in schwierigen Momenten nicht zur Verfügung stehen. Spiritualität ist hierbei eine Ausnahme, weil sie in so viele Lebensbereiche gleichzeitig hineinwirkt, dass immer die Möglichkeit einer ihrer vielfältigen Copingstrategien besteht. Religiös-spirituelle Copingstrategien können zu jedem Zeitpunkt angewendet werden, so ausweglos es auch scheint. Dabei ist es oftmals nicht wichtig, dass sich sofort etwas ändert, aber das Gefühl nicht machtlos zu sein, bestärkt das Individuum in seinem eigenen Sein (vgl. Koenig et al. 2012, S. 94ff.).

Zusammenfassend lässt sich festhalten, dass spirituelle Menschen, viele Möglichkeiten der Stärkung und des Rückhalts erfahren. Sowohl durch ihre spirituelle Überzeugung, als auch durch ihre soziale Gruppe. Spiritualität hat dabei besonders Auswirkungen auf psychische Prozesse, welche jedoch wiederum korrelieren mit körperlichem Wohlbefinden. Sie fühlen sich durchgehend handlungsfähig und verkennen weder die Bedeutung, noch die Herausforderung ihrer Lebenssituation. All dies trägt passiv zu einer gesundheitsförderlichen Lebensweise bei.

5 Ressourcenorientierung in der Krisenintervention

"Wer nicht der Fürchterlichkeit des Lebens irgendwann mit einem endgültigen Entschlusse zustimmt, ja ihr zujubelt, der nimmt die unsäglichen Vollmächte unserer Daseins nie in Besitz, der geht am Rande hin, der wird wenn einmal die Entscheidung fällt weder ein Lebendiger noch ein Toter gewesen sein." (Rilke 1991, S. 296)

In dem folgenden Kapitel soll dargestellt werden, welche besonderen Umstände während einer Krisenintervention zu beachten sind. Dafür wird in Kapitel 4.1. zuerst erörtert was eine Krise ist und welchen speziellen Rahmenbedingungen eine Krisenintervention unterliegt. Folgend wird in Kapitel 4.2. auf die ressourcenorientierte Arbeit während einer Krisenintervention eingegangen und überlegt, ob Spiritualität oder Religiosität auch hier positive Umstände hervorrufen kann. In Kapitel 4.3. wird der Frage nachgegangen, ob spirituelle Individuen eine Art Puffer haben, der sie schwierige Lebensereignisse leichter handhaben lässt.

5.1 Krisenintervention – Kritische Lebensereignisse erfordern besondere Methoden

Der Begriff der Krise ist sehr mannigfaltig und bietet unterschiedliche Interpretationsmöglichkeiten. Das Wort Krise ist nicht beschränkt auf den Umgang mit psychisch erkrankten Menschen, sondern taucht auch in anderen Disziplinen auf. In der Krisenintervention selbst wird unterschieden zwischen psychiatrischen, traumatischen, suizidalen und vielen weiteren Krisen, sodass keine einheitliche Definition von einer Krise gegeben werden kann.

Zur weiteren Erklärung einer Krise soll an dieser Stelle die Definition einer akuten Belastungsreaktion (F43.0) im ICD-10 verweisen werden: *"Eine vorübergehende Störung von beträchtlichem Schweregrad, die sich bei einem psychisch nicht manifest gestörten Menschen als Reaktion auf eine außergewöhnliche körperliche oder seelische Belastung entwickelt, und im Allgemeinen innerhalb von Stunden oder Tagen abklingt. Das auslösende Ereignis kann ein überwältigendes traumatisches Erlebnis mit einer ernsthaften Bedrohung für die Sicherheit oder körperliche Unversehrtheit des Patienten oder einer geliebten Person (Personen) sein (z.B. Naturkatastrophe, Unfall, Krieg, Verbrechen, Vergewaltigung) oder eine ungewöhnliche plötzliche und bedrohliche Veränderung der sozialen Stellung und/oder des Beziehungsnetzes des*

Betroffenen wie etwas Verlust durch mehrere Todesfälle, einen Brand oder ähnliches." (Weltgesundheitsorganisation 2008, S. 181).

Bevor eine Arbeitsdefinition einer Krise verfasst wird, soll vorher darauf hingewiesen werden, dass es mannigfaltige Krisenanlässe gibt. Unterschiedliche Krisenanlässe benötigen in der Krisenintervention auch unterschiedliche Betrachtungsweisen und Methoden, daher ist es wichtig, kurz einige Beispiele wiederzugeben.

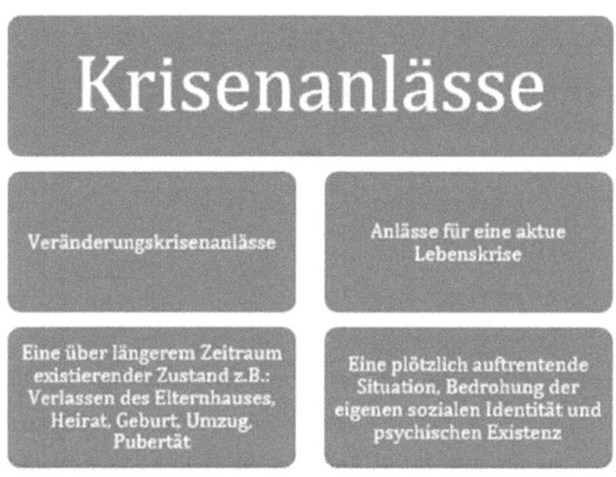

Abbildung 6 – Schaubild zur Kategorisierung exemplarischer Krisenanlässe nach Sonneck et al. 2016, S. 17.

Für den Kontext dieser Bachelorarbeit gilt folgende Definition einer (psychischen) Krise.

> Eine Krise ist ein Ereignis, welches ein gesundes Individuum auf eine extreme Art und Weise körperlich oder seelisch belastet. Diese ist oftmals zeitlich begrenzt, geht aber immer mit dem Gefühl einer ernsthaften Bedrohung für den Menschen oder einer ihm/ihr nahestehenden Person einher. Dabei ist es nicht von Interesse, ob es hierbei um physische oder psychische Unversehrtheit geht. Durch die mannigfaltigen Auslöser eine Krise existieren verschieden Arten von Krisen wie zum Beispiel eine traumatische, suizidale oder psychiatrische Krise.

Krisen und Suizidversuche treten dabei in jedem Alter auf, am häufigsten jedoch bei Jugendlichen (vgl. Sonneck et al. 2016, S. 66). Ihnen muss dahingehend geholfen werden, Copingstrategien zu entdecken oder zu entwickeln, die ihnen helfen, die Krise zu bewältigen. Dabei wird in der Regel eine offene Kommunikation gefordert. Präventiv müsste bei Jugendzentren, Schulen und kirchlichen Einrichtungen angesetzt werden. Dies könnte ein eigener Zweig der präventiven Arbeit mit Kindern und Jugendlichen sein, der im Rahmen dieser Bachelorarbeit jedoch nicht weiterverfolgt werden soll. Das Erleben einer Krise macht dem jungen Menschen bewusst, dass er in Not ist und Hilfe braucht. Ursache sind für gewöhnlich große, aber auch kleine Schwierigkeiten, die nicht mit Hilfe der zur Verfügung stehenden Bewältigungsstrategien verarbeitet werden können (vgl. Sonneck et al. 2016, S. 30).

Ziel der Krisenintervention ist die *Hilfe zur Selbsthilfe*. Das bedeutet in erster Linie, dass der*die Betroffene seine*ihre Krise akzeptiert und davon ausgehend selbst Bewältigungsstrategien erarbeitet und anwendet. Diese sollen ihm*r eine aktive Krisenbewältigung ermöglichen, mit der er*sie befähigt wird, die Krise zu überwinden. Krisenintervention soll dementsprechend nur Hilfe zur aktiven Krisenbewältigung sein (vgl. Sonneck et al. 2016, S. 18).

Akute Krisen und Veränderungskrisen münden immer in Sinn- und Wertekrisen. Häufig korrelieren sie mit Beziehungskrisen, mit Störungen der Beziehung zu nahestehenden Menschen oder Krisen der Außen-, Innen- und Umwelt. Dabei führen solch kritische Lebensereignisse vielfach zu der Suche nach spirituellen oder religiösen Angeboten und Sinnfindungen (vgl. Klosinski 2016, S. 276). Krisen sind oft ein erschreckender und schwieriger Prozess, weil sie das Individuum dazu zwingen etwas wahrzunehmen, was es vorher nicht gewusst oder bewusst verdrängt hat. Das Individuum lehnt die Veränderung ab, fürchtet das Neue. Dafür gilt jedoch, dass der*diejenige der*die eine Krise durchgestanden hat, oft gestärkt und gewachsen aus ihr hervorgeht (vgl. Behrens 2015, S. 34).

Während einer Krisenintervention ist es zunächst wichtig, Interesse und Aufmerksamkeit dem*r Patienten*in gegenüber zu zeigen und ihm*r das Gefühl zu geben, dass er*sie mit seinen*ihren Schwierigkeiten und seinen*ihren Gefühlen ernstgenommen wird. Er*Sie soll die Gelegenheit haben sich auszusprechen und merken, dass jemand für ihn*sie da ist, der*die sich Zeit nimmt. Während dieser Krise muss der*die Patient*in betreut und begleitet werden. Das bedeutet, ihn*sie nicht alleine lassen und ihm*r dabei zu helfen, mit Mut, Autonomie und Eigenständig wieder zu sich selbst zu finden (vgl. Adams 2012, S. 319).

Menschen, die eine gefestigte Einstellung zu Krankheit, Tod, Altern und Depression haben, können mit der eigenen Krisensituation besser umgehen, da sie in der Lage sind, selbst Hilfe zu akzeptieren, oder anderen in ihrer Not zu helfen (vgl. Sonneck et al. 2016, S. 32). Häufig findet die Krisenintervention nicht in einer psychiatrischen Anstalt statt, sondern außerhalb des professionellen Systems, zum Beispiel in der Familie, Schule, Gemeinde oder im Betrieb (vgl. Sonneck et al. 2016, S. 66).

Krisenintervention ist dabei jede Form von Betreuung oder Behandlung, die das Ziel verfolgt, Menschen beim Umgang mit kritischen Lebensereignissen zu helfen diese zu überwinden. Bei der Krisenintervention geht es jedoch nur um die Abwehr der Eigen- oder Fremdgefährdung und nicht um die Aufarbeitung des gesamten pathologischen Verhaltens, dahingehend grenzt sie sich klar von der *Regel-Psychotherapie*[9] ab (vgl. Sonneck et al. 2016, S. 65).

5.2 Einbeziehung der Ressource in der Krisenintervention

Der Ablauf einer Krisenintervention ist abhängig von der Stufe der Krise, in der sich das Individuum befindet. Während der Schockphase ist ein Gefühl des *begleitetsein* am wichtigsten, während es in den folgenden Phasen eher um ein ermutigen, einordnen und verstehen der Krise geht. Die ressourcenorientierte Arbeit mit der Ressource Spiritualität bietet sich aufgrund der mannigfaltigen Möglichkeiten der Copingstrategien in jeder Phase an.

Abbildung 7 – Phasen einer akuten Krise nach Sonneck et al. 2016, S. 36.

Ein wichtiger Aspekt bei der Bewältigung von Krisen junger Menschen ist die eigene Anzahl an Bewältigungsstrategien und Ressourcen, verbunden mit der individuellen Lerngeschichte. Wie wurden in der Vergangenheit Krisen bewältigt? Welche Ressourcen waren für ihn/sie wichtig? Wie groß ist die Handlungsfähigkeit? Sechs Lebensbereiche können Jugendlichen dabei helfen, ihre Selbstwirksamkeit widerherzustellen:

---

[9] Für die Erläuterung der Arbeitsweise während einer Krisenintervention ist es häufig notwendig, Gemeinsamkeiten und Unterschiede zu einer Psychotherapie zu nennen, welche zum Beispiel. in einem wöchentlichen Setting stattfindet und sich mit der chronischen Manifestation einer psychischen Störung auseinandersetzt und nicht eine kurzfristige Maßnahme ist um Eigen- oder Fremdgefährdung auszuschließen. Dies soll hier mit dem Begriff der *Regel-Psychotherapie* geschehen.

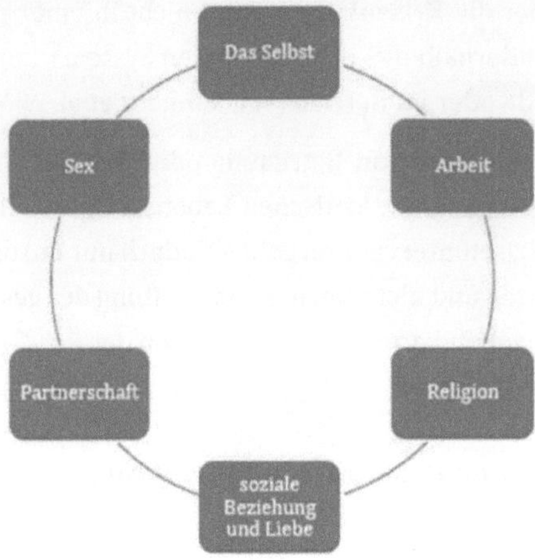

Abbildung 8 – Schaubild der sechs Kernbereiche die die Selbstwirksamkeit widerherstellen nach Sonneck et al. 2016, S. 99.

Die in den sechs genannten Kernbereichen zur Verfügung stehenden Ressourcen müssen erarbeitet werden und in die Therapie miteinbezogen werden (vgl. Sonneck et al. 2016, S. 82). So beeinflussen Copingstrategien und Ressourcen maßgeblich, ob eine Krisensituation in eine Lebenskrise führt oder nicht (vgl. Sonneck et al. 2016, S. 53). Dieser Umstand legt den Schluss nahe, dass gerade die vom Individuum vorhandenen Möglichkeiten zur Bewältigung ausgelotet und genutzt werden sollten. Dabei gilt es die sechs genannten Kernbereiche zu identifizieren, zu evaluieren in welchen der junge Mensch handlungsfähig und autonom erscheint und diese zu nutzen, um mit Methoden und Hilfe zur Selbsthilfe den Menschen zu begleiten die Krise zu bewältigen. Bei jedem Schritt muss transparent gehandelt werden und erläutert werden, warum so gehandelt wird; auch Angehörige und Nahestehende sollten miteinbezogen und über die Therapie oder Krisenintervention aufgeklärt werden (vgl. Sonneck et al. 2016, S. 57).

5.3 Spiritualität als „Puffer"?

Für die Krisenbewältigung werden oftmals zwei elementare Ressourcen benötigt: Achtsamkeit und Innehalten. Der junge Mensch muss in einer Krisensituation eine Pause einlegen; eine Pause von den Problemen, eine Pause von der Innen- und Außenwelt. In dieser Pause muss man sich achtsam sich selbst zuwenden, lernen sich zu hören und seine Bedürfnisse zu erkennen. Aus dieser Kraft und aus den aus einem selbst kommenden Erkenntnissen kann dann eine Bewältigung entstehen, die es einem ermöglicht, eine Krise zu bewältigen, bevor sie Leidensdruck ausübt (vgl. Behrens 2015, S. 34). Dies stellt nicht direkt einen Puffer dar, lässt das Individuum jedoch eine Krise bewältigen, bevor es überhaupt zu einer wird.

Spirituell-religiöse Fragen werden sowohl in der *Regel-Psychotherapie* gestellt, als auch in der Krisenintervention. So fragen zahlreiche Patient*innen, ob es eine Sünde wäre Suizid zu begehen. Sollte dieser Umstand eintreten, dann muss man selbst achtsam werden für das, was das Gegenüber benötigt. Fromme Antworten oder auswendiggelernte Bibelverse helfen dem Individuum wenig. Vielmehr ist es in solch einer Situation angebracht, mit dem Menschen zusammen eine Antwort zu suchen und ihn*sie ein Stück des Weges zu begleiten (vgl. Sonneck et al. 2016, S. 223).

In Fragebögen, die im Erstkontakt ausgeteilt werden, wird häufig nach der Ressource Spiritualität/ Religiosität gefragt. Nach dem in der Krisensituation durchgeführten Explorationsverfahren ist das Suizidrisiko besonders hoch, wenn keine Religionszugehörigkeit festgestellt wurde (vgl. Sonneck et al. 2016, S. 170). Vereinfacht bedeutet das: Weltanschauung und Lebensdeutung geben Menschen Heilungspotenzial. Erklären lässt sich das dadurch, dass jede Religion, Weltanschauung oder ähnliches einen Weg zum Glücklich-Sein beschreibt. Einen Weg, der konkret beschreibt, wie mit Krisen, Krankheiten, Leid und Tod umgegangen werden soll. Dadurch wird der leidende Mensch, der in einer Krise steckt, in ein Weltbild eingebettet und ist so ein Teil von etwas Größerem (vgl. Utsch 2005, S. 164). So werden Fehler, Sünden, Leiden, Krankheit und Tod in der christlichen Spiritualität zum Beispiel mit der Leidensgeschichte von Mose oder Jesu verglichen und ermöglichen einem so das Gefühl der Geborgenheit. Aus der christlichen Spiritualität heraus, gilt es für sich selbst anzuerkennen und bewusst zu machen, dass das Leben vergänglich und begrenzt ist. Diese Einsicht ist befreiend. Es befreit, weil die Maske des Lebens abgesetzt wird. Für religiös-spirituelle Menschen ist im ersten Moment auch oft der geistliche-spirituelle Leiter der Ansprechpartner, wobei säkulare Menschen in der akuten Krise häufiger eine*n Therapeuten*in aufsuchen. Spirituelle Menschen gehen mit ihren Problemen oftmals zuerst zu ihren spirituellen Leitern und dann in eine Therapie. Säkulare Menschen bevorzugen eher Therapeut*innen, die ebenso wie sie eingestellt sind (vgl. Bucher 2007, S. 150).

Durch das eigene Bewusstwerden der Vergänglichkeit, ist das Individuum vorgewarnt. Eine Krise entsteht, weil man erschreckt feststellt, dass ein nicht gewollter Umstand eintritt, der vorher verdrängt wurde. Sollte das Individuum aufgrund seiner*ihrer spirituellen Ausrichtung schon vorher ent-täuscht worden sein, dann kann einen dieser Umfang nicht mehr voll in eine Sinn- und Wertekrise stürzen und die Krise bleibt vielleicht aus. So erfüllt Spiritualität zusammengefasst eine *Puffer-Funktion*.

6 Sprachfähig in Glaubensfragen werden – zuerst als Mensch, dann als Fachkraft

"Es ist nicht nur psychologisch, sondern auch spirituell ein äußerst gefährliches Unterfangen, ohne Vorbereitung und ohne Vorkenntnis den schnellen Weg zu einem höheren Bewußtseinszustand ansteuern zu wollen. Man kann sich in der spirituellen Welt ebenso leicht verirren wie in der materiellen." (Moody und Carroll 1997, S. 472)

Im fünften Kapitel soll erörtert werden, ob KJP oder Sozialarbeiter*innen /-pädagog*innen, welche im therapeutischen Bereich arbeiten, eine theologische oder spirituelle Grundqualifikation benötigen, um auf Lebens- und Sinnfragen zu antworten oder um die im Kapitel 3.2. vorgestellten Methoden zu benutzen.

Vordenker wie Thiersch, Böhnisch und Galuske haben die soziale Arbeit geprägt und fortwährend betont, dass sich der Bedarf einer Hilfeleistung nicht nach den schon vorhandenen Therapiemöglichkeiten richten darf, sondern sich stets individuell an den*die Patienten*in anpassen muss und seine*ihre Ressourcen in den Mittelpunkt gestellt werden müssen (vgl. Namuth et al. 2013, S. 220). In Folge dessen ergibt sich der Umstand, dass das Individuum immer in seiner Lebenswelt gesehen werden muss. Sollte nun die vielleicht spirituelle Ausrichtung des*r Jugendlichen in der Therapie zu einer *Privatangelegenheit* degradiert werden – sie womöglich aus der Therapie exkludiert werden - werden damit die Heilungschancen, Ressourcen und Copingstrategien, die das junge Individuum bereits in sich trägt verkannt und dies hemmt im schlimmsten Fall den Therapieerfolg und die damit einhergehende (Wieder)-Herstellung der Gesundheit (vgl. Eppenstein 2014b, S. 138).

Ein Contra-Argument welches nicht selten genannt wird, wenn es um die Implementierung von Spiritualität in den Therapieverlauf geht, lautet, dass KJP in ihrer Ausbildung kein spirituelles oder religiöses Grundwissen vermittelt bekommen haben. Weiter wird vorgehalten, keine Methoden aus dem spirituellen Spektrum anwenden zu können, sollte man selbst nicht spirituell sein (vgl. Bucher 2007, S. 161). Um dem entgegenzuwirken sollte es möglich sein, sich während der Ausbildung schon ein Basiswissen in diesem Fachbereich anzueignen. Dies würde nicht nur dazu beitragen, die Ressourcen und Copingstrategien des Menschen bestmöglich zu nutzen, sondern auch sprachfähiger in Lebens- und Sinnfragen zu werden und die jungen Menschen dabei begleiten zu können, selbst Antworten auf ihre Sinnfragen zu finden (vgl. Bucher 2007, S. 161; Sonneck et al. 2016, S. 223).

Psychiatrische Unterstützung in einer Krisenintervention oder in einer kritischen Lebensphase zu leisten ist nicht einfach, gerade wenn der*die Patient*in zum Beispiel ungefähr gleich alt ist, oder sich in einer Situation befindet, in der man sich selbst mal befunden hat. Dies löst häufig bei der Fachkraft selbst existenzielle Nöte und Ängste aus (vgl. Behrens 2015, S. 74ff.). Im Rahmen von Supervision und Coaching muss versucht werden, diese Parallelen aufzuarbeiten. Solch eine Auseinandersetzung mit sich selbst und seinem Lebensweg gilt es nicht nur fachlich, sondern insbesondere persönlich vor dem Berufseinstieg als KJP zu führen. Gerade die Versorgung von (kranken) Kindern und Jugendlichen setzt eine Reflexion mit den eigenen Sinnfindungen und Lebensfragen voraus. Fachkräften muss bewusst gemacht werden, dass diese Verbindungen von eigener Historie und dem Krankheitsverlauf der jungen Patient*innen, gerade in Verbindung mit Leid, Tod und Trauer einen Teil des Lebens, und damit Normalität darstellt (vgl. Behrens 2015, S. 74ff.).

Eine Therapie, welche unter dem Deckmantel der Neutralität durchgeführt wird, ist oftmals mehr Schein als Sein. Eine wirkliche weltanschauliche Neutralität ist – so lange sie von Menschen durchgeführt wird - nie gegeben. Die Weltanschauungen des*r Therapeuten*in fließen immer mit in das Hilfehandeln ein. Für das Konzept der therapeutischen Beziehungsarbeit setzt genau dies jedoch einen Grundstein, denn ohne Grundannahmen von existenziellen Fragen und den dazugehörigen Antworten – auf beiden Seiten – kann diese nicht funktionieren (vgl. Beuscher 2014, S. 40). Wenn wir diese Schein-Neutralität als Gegeben betrachten, muss sich tunlichst davor gehütet werden, "ein paar Unglückliche in ihrer schwachen Stunde zu überfallen und sie sozusagen religiös zu vergewaltigen" (Bonhoeffer 1998, 403f.). Um dies zu verhindern ist eine vorherige Auseinandersetzung mit seinen*ihren eigenen Weltanschauungen unabdingbar. An dieser Stelle muss klar signalisiert werden, dass die Integration von Spiritualität in den Therapieverlauf nur geschehen darf, wenn man sich diesem vollumfänglich bewusst ist.

Ein weiterer Konflikt entsteht dabei, aus der weltanschaulich neutralen Therapie, welche von professionellen Fachkräften durchgeführt wird, heraus zu überprüfen, ob der*die Patient*in ein eigenes Konzept der Lebensführung hat und dieses kultursensibel zu erschließen und lebensweltorientiert zu integrieren. Dabei muss zuerst versucht werden, die Art und Weise wie der*die Patient*in sein Leben bestreitet und seine Weltanschauungen zu verstehen. Gerade bei religiösen oder spirituellen Traditionen oder Sinnfindungen haben KJP immer eine eigene Meinung, welche häufig verwechselt wird mit der eigenen Weltanschauung. Es geht hierbei nicht darum, ob die Lebensverantwortung des*r Patienten*in mit der des KJP übereinstimmt, oder ob der KJP diese Art und Weise sein Leben zu verantworten gutheißt, sondern darum zu verstehen, warum der Mensch diesen Weg gewählt hat und zu versuchen ihn*sie in seiner*ihrer Lebenswelt zu sehen, zu verstehen und aus dieser selbst Methoden und Anwendungen für die Therapie zu erarbeiten (vgl. Eppenstein 2014a, S. 129).

Je früher die Fachkraft in der Lage ist, seine*ihre eigene Hilfsbedürftigkeit wahr- und anzunehmen und gegebenenfalls selbst Hilfe in Anspruch nehmen, desto besser kann man sich den Bedürfnissen der Patient*innen anpassen. Um Menschen in ihren Lebenskrisen und in Not und Bedrängnis helfen zu können, muss die Fachkraft selbst einen Lebenssinn erarbeitet haben, um andere bei ihrem Suchprozess unterstützen zu können. Das ist die Hilfe, die gebraucht wird – Hilfe zur Selbsthilfe (vgl. Sonneck et al. 2016, S. 27).

Die wichtigste Hilfe für Menschen in Krisensituation ist das Zuhören und das Gefühl zu vermitteln, dass sich jemand Zeit für einen nimmt und ihn*sie versteht und akzeptiert wie er*sie ist und seine*ihre Gefühle ernst nimmt. (vgl. Sonneck et al. 2016, S. 68). Dem*r spirituell-leidenden Patienten*in hier das Gefühl zu geben, er*sie wäre mit seinen*ihren Schwierigkeiten nicht akzeptiert, stürzt ihn*sie vielleicht tiefer in eine Sinnkrise als zuvor.

So wie Priester oder Pfarrer*innen in ihrer theologischen Ausbildung erste Grundkenntnisse in Psychiatrie und Krisenintervention erhalten, wäre es ebenso wünschenswert, wenn auch die psychiatrischen Fachkräfte Basiswissen in theologischen Fragen und Themen besitzen, damit sie den Zugang zu einem emotionsfreien und sachlichen Wissen über Spiritualität und Religion erhalten, welches sie während der Therapie im Hinterkopf behalten können (vgl. Sonneck et al. 2016, S. 223).

Bei Fragen nach Schuld, Leid, der Endlichkeit allen Lebens, dem Sinn und dem Tod versagen die wissenschaftlichen Antworten häufig. Das Fachpersonal benötigt an dieser Stelle eine gründliche Auseinandersetzung mit der eigenen Art und Weise ihr Leben zu verantworten. Dabei gilt es mit Hilfe von Selbsterfahrung, Supervision und Coaching sich mit seiner Spiritualität oder Religiosität zu beschäftigen. Gelernt werden soll hierbei, die möglichst genaue Analyse von spirituellen Ressourcen und Bedürfnissen des*der Patienten*in, der Möglichkeit sie zu erfassen und diese Wünsche in den Therapieverlauf zu integrieren. Keinesfalls sollte hierbei eine bestimmte spirituelle Praxis verboten oder speziell angeordnet werden (vgl. Utsch 2010, S. 29).

Zusammenfassend lässt sich sagen, dass es naheliegend ist, den interdisziplinären Mitarbeiter*innen von psychiatrischen Einrichtung zu empfehlen, nicht nur den Glauben oder die spirituelle Lebensfrage zu tolerieren, sondern diese weitergehend zu explorieren und wenn nötig oder gewünscht in den Therapieverlauf zu integrieren. Hierbei gilt es nicht die Spiritualität um jeden Preis in die Therapie zu drängen und zu verzwecken, sondern darum einen Weg zu finden, wie spirituelle Kinder und Jugendliche einen Zugang nutzen können, welchen sie selbst schon haben und zu merken, dass sie handlungsfähig sind mit Hilfe ihrer eigenen Ressourcen (vgl. Spaemann 2013, S. 25).

7 Kritik

"Wenn der Erwachsene ein aus dem Zustand des ursprünglichen Heils ‚Herausgefalle-
ner‘ ist, wie soll er sich um jemanden kümmern können, der noch viel mehr im ‚ursprünglichen Heil‘ ist als er selber? (Büssing 2016, S. 252)

Diese Bachelorarbeit verwendet für ihre Erkenntnisse und Argumentationsstruk-
tur den aktuellen Stand der wissenschaftlichen Evaluation von Spiritualität, Ressourcenarbeit, Copingstrategien und achtsamkeitsbasierten Methoden. Die aktuelle Studienlage ist jedoch so weiträumig und in alle Richtungen verwendbar, dass
zudem auch negative Argumente und Studien integriert werden sollen. Diese sollen
dazu genutzt werden, die gewonnenen Erkenntnisse kritisch zu hinterfragen und
das gezeigt Teilbild der Spiritualitätsforschung zu komplettieren. Um Übersicht-
lichkeit bemüht, soll dieser Diskurs chronologisch nach dem Inhaltsverzeichnis geführt werden.

7.1 Spiritualität und ihre Auswirkungen auf den Menschen

Spiritualität wird immer mehr zu einem Modebegriff für das altmodische Wort Religion oder dem *gläubig-sein*. Eine Definition des Unmessbaren aufzustellen, wirft
die Frage auf, ob Spiritualität nicht erst dadurch zu Spiritualität wird, weil sie so
definiert wird. So erweckt es den Anschein, als könnte der*diejenige, der*die Spiritualität definiert, bestimmen was sie ist und dem Anlass und Ziel entsprechend
argumentieren. Das Individuum selbst definiert Spiritualität für sich und schließt
damit einige Formen ein und andere aus, es entsteht ein Bild von Spiritualität als
Baukasten (vgl. Renz 2010, S. 64).

In Kapitel 1.1. wurde definiert, was Spiritualität ist, jedoch auch, dass es viele verschiedene Formen davon gibt. Daher gibt es außerdem radikalere/traditionellere
Formen von Spiritualität, welche stark in Richtung Religion tendieren. Weiter kann
Spiritualität dazu beitragen, die psychische Gesundheit der jungen Patient*innen
zu verbessern, jedoch auch diese zu verschlechtern und das Selbstwertgefühl zu
senken. Dieser Fall kann eintreten, wenn (gesunde) Kinder und Jugendliche in eine
(spirituell-religiöse) Peer-Group eintreten, welche unter massiven Lebenskrisen
leidet. Eine solche Form der Sozialisation kann ebenso gesundheitsschädlich sein
(vgl. Vaas und Blume 2009, S. 119).

Ein weiterer Punkt, der häufig außen vorgelassen wird ist, dass auch spirituelle Menschen durch eine Krise belastet werden können. Sie sind nicht unverwundbar und nicht immer gelassen. Vertraute Beziehung, gerade die zu einer übergeordneten Macht (Gott) oder die zu einer sozialen Gruppe können in einer Krisensituation teilweise keine Hilfe mehr bieten. Die Hilfe und den Trost aus einer spirituellen Kraft können dann nur wenige selbst aktivieren, anwenden und erleben. In vielen Fällen fühlt der Mensch sich allein – alleingelassen von Gott und den Menschen (vgl. Behrens 2015, S. 31, 141f.). In eine (spirituelle) Krise zu verfallen, schädigt dabei nicht nur aufgrund der erlebten Krise, sondern gleich viel mehr, weil man sich von der Art und Weise, wie man sein Leben verantwortet verraten fühlt. Es fehlt im schlimmsten Falle nicht nur ein Familienmitglied, es existiert nicht nur eine chronische Krankheit, sondern das komplette Welt- und Menschenbild wird in Frage gestellt.

7.2 Spiritualitätsforschung und die Anwendung der Ergebnisse in der Psychotherapie

Im Folgenden werden drei Argumenten für die Exklusion von Spiritualität in der Psychotherapie mit Kindern und Jugendlichen genannt.

Empirische Mängel der Spiritualitätsforschung

Die Spiritualitätsforschung versucht mit einer vagen und subjektiven Definition von Spiritualität das Unmessbare zu messen. Durch das Denken in Rastern und Mustern sind wir nicht nur verschlossen für die wirkliche Heilung und positiven Faktoren von Spiritualität, sondern auch voreingenommen bei der Durchführung von Studien. Es ist ebenso unmöglich Spiritualität zu definieren, als auch diese auf ihre positiven oder negativen Eigenschaften zu degradieren (vgl. Wegner und Lubatsch 2010, S. 203; Bucher 2007, S. 114).

Die aufgestellten Definitionen und Denkmuster von Spiritualität versuchen dabei mit Hilfe von Erklärungen, besonders häufig unter Einbettung von übermächtigen Wesen oder allgemeinen Weltanschauungstheorien, Antworten zu generieren. Diese Antworten und Erklärungsversuche entziehen sich dabei jedoch dem wissenschaftlichen Diskurs, weil sie erstens, nur von Anhänger*innen der speziellen spirituellen Ausrichtungen akzeptiert werden und zweitens, diese nicht wissenschaftlich evaluierbar, ja unwiderlegbar, sind. Um aus der Spiritualitätsforschung mehr als das Zusammentragen von spirituellen Handlungen und Gefühlen zu machen, müssten sich die Forschenden mehr an wissenschaftliche Standards und eine wissenschaftliche Rationalität halten (vgl. Vaas und Blume 2009, S. 51, 97).

Weiter muss angemerkt werden, dass einfache und standardisierte Aussagen zu Spiritualität als Ressource und Copingfaktor nicht möglich sind. Viele Studien lassen den Schluss zu, dass Spiritualität ein Schutzfaktor ist – ungeachtet von den sozialen und personalen Ressourcen, Copingfaktoren, Sozialisation, Traditionen, Herkünften und Lebenserfahrungen, die die Jugendlichen bis dahin gesammelt haben. Der Versuch diese Ressourcenarbeit nun noch nach Altersklassen aufzuschlüsseln, wird in der Praxis oft gemacht, ist in der Theorie jedoch nicht belegt (vgl. Mey 2013, S. 188).

Ethische Probleme bei der Integrierung von Spiritualität in die Psychotherapie

Spiritualität ist ein subjektives Gefüge von Weltverantwortung, Weltanschauung und Sinn-/Lebensfragen. Diese elementaren Grundzüge der Verantwortung sein Leben zu führen in einer Psychotherapie zu hinterfragen und zu nutzen, wäre ethisch problematisch, weil es eine von Grund auf intime Angelegenheit ist und eine weitere Problematisierung dieses zerbrechlichen Gefüges verhindert werden muss (vgl. Bucher 2007, S. 116).

Theologisch-Spirituelle Bedenken

Spiritualität existiert unabhängig von Psychotherapie und ihrer positiven, sowie negativen Auswirkungen auf den jungen Menschen. Dieses Konzept der Lebensführung nun für den Zweck der Erlangung der (ursprünglichen) Gesundheit zu funktionalisieren, wird ihrer Natur und ihrem Wesen nicht gerecht. Spiritualität in die Therapie zu integrieren, nur um von ihrem Nutzen zu profitieren, würde der aufgestellten Arbeitsdefinition widersprechen und dem Konzept Spiritualität mehr schädigen, als es positiv aufzuwerten (vgl. Wegner und Lubatsch 2010, S. 200).

7.3 Ressourcenorientierung in der Krisenintervention

Die Krisenintervention bei jungen Patient*innen unterliegt speziellen Methoden und Herangehensweisen, die in Kapitel 4.1. geschildert und erläutert wurden. Eine Berücksichtigung bleibt jedoch außen vor: Die spezielle, paradoxe Situation. Es wird von dem noch jungen Menschen erwartet, dass er*sie – kurz nach einem Suizidversuch oder suizidalen Gedanken – selbst die Weichen dafür stellt wieder gesund zu werden. Er*Sie soll reaktiviert werden, mit den vorhandenen Ressourcen wieder zu einem gelingenden Leben beizutragen. Diese Motivation und Eigeninitiative ja zu sagen zum Leben, was vor kurzem noch wertlos erschien und beendet werden wollte, kann oftmals erst nach einem langen Weg gesehen werden (vgl. Sonneck et al. 2016, S. 168).

8 Ausblick und Fazit

"Spiritualität kann ohne Religion sein. Aber Religion nicht ohne Spiritualität." (Berendt 1998, S. 212)

Das folgende Kapitel teilt sich in zwei Teile. Im ersten Teil werden die Forschungsfrage, Hypothesen und die Herangehensweise erläutert. Im zweiten Teil folgt eine Einschätzung, was die Erkenntnisse dieser Bachelorarbeit nun für Auswirkungen auf KJP und Sozialarbeiter*innen im therapeutischen Bereich bedeutet. Abschließend wird ein Ausblick gegeben, in dem festgehalten wird, welche Fragen in dieser Arbeit aufgeworfen wurden und welche weiteren wissenschaftlich Erkenntnisse nötig wären.

Das Ziel dieser Bachelorarbeit war es, zu erörtern ob, und wenn ja wie, Spiritualität eine Ressource und/oder Copingfaktor sein kann und wie diese professionell, lösungsorientiert und gewinnbringend für den*r Klienten*in oder Patienten*in in die Therapie integriert werden kann. Weiter sollte der Frage nachgegangen werden, ob KJP weiteres Zusatzwissen benötigen, um Spiritualität als Ressource anwenden zu können und ob sie generell dazu in der Lage sein müssen. Um dies zu belegen, war es nötig, folgende Hypothesen aufzustellen:

Spiritualität ist eine Ressource.

Um diese Hypothese zu bestätigen, musste zuerst definiert werden, was Spiritualität ist, welche Formen diese beinhalten kann und was eine Ressource ist. Hervorgehoben werden soll an dieser Stelle nochmals, dass Spiritualität viele Facetten und Ausdrucksweisen hat, welche bestimmt werden von unterschiedlichen Traditionen und Herkünften. Sie ist dabei nicht gebunden an einen Ort oder Zeit, sondern wird überall dort sichtbar, wo Menschen außergewöhnliche Erfahrung machen und sich als ein Teil des Ganzen sehen können. Die emotionale Entlastung die die Spiritualität bietet, kommt aus mannigfaltigen Handlungsmöglichkeiten, den vielfältigen Copingstrategien und den passiven Stärkungsmöglichkeiten, die eine gelingende Lebensführung ermöglichen.

Aufgrund der aktuellen Studienlage und den vorher genannten Faktoren wurde diese Hypothese bestätigt und Spiritualität als Ressource gewertet.

Eine spirituelle Ausrichtung von Kindern und Jugendlichen kann nach vorheriger Exploration, durch unterschiedliche Methoden und Übungen genutzt werden, um den Patient*innen eine bestmögliche Genesung zu ermöglichen.

Um diese Hypothese zu bestätigen, wurde zuerst ein allgemeiner, aber auch spezifischer Blick auf den aktuellen Stand der Forschung gewagt. Dabei zeigte sich, dass die überwiegende Mehrheit der aktuellen Studien belegt, dass Spiritualität sowohl aktiv, als auch passiv gesundheitsförderlich ist. Im weiteren Verlauf wurden drei Methoden vorgestellt, welche junge Patient*innen mit einer spirituellen Prägung dort unterstützen, wo sie Hilfebedarf haben. Sie ermöglichen es dem*r Jugendlichen eine persönliche Ressource mit einer wissenschaftlich evaluierten Methode zu verknüpfen, um ihn*sie bestmöglich im Genesungsprozess zu unterstützen. Dabei wurde weiter erörtert, warum die Meditation, das Autogene Training und die Progressive Muskelentspannung Methoden sind, welche als spirituell bezeichnet werden könnten. Weiter wurden erste Einblicke in die Durchführung und Indikationen gegeben.

KJP müssen sich im Vorhinein mit den vorhandenen Methoden sowohl theoretisch als auch praktisch vertraut machen und positive sowie negative Faktoren individuell abwägen.

Es wurde erörtert, warum es wichtig ist, dass gerade für die Durchführung der in dieser Arbeit vorgeschlagenen Methoden Selbsterfahrung, Coaching oder Supervision vorangeht. Gerade bei der Progressiven Muskelentspannung und beim Autogenen Training, welche über die Krankenkasse als Entspannungsmethode abgerechnet werden können, ist es wichtig diese Hinweise und Merkmale zu beherzigen. Für die Anwendung von spirituellen Methoden generell wurde herausgestellt, dass eine vorherige Auseinandersetzung mit der Spiritualität an sich unabdingbar ist. Festgehalten wurde zudem, dass es zu keinem Zeitpunkt zu einer Indoktrination, Verkündigung oder ähnlichem kommen darf. Um dies zu vermeiden muss durch Supervision, Coaching oder ähnlichem das Vorhaben reflektiert und geplant werden. Der*Die Patient*in muss hierbei im Mittelpunkt stehen, nicht die eigene Meinung des KJP. Hier geht es um eine Lebensweltorientierung, nicht um subjektives Empfinden.

Spiritualität stellt eine Ressource dar, die in zahlreichen Handlungsfeldern und Problemlagen indiziert ist, häufig jedoch aufgrund von Unwissen oder Unbehagen nicht angewendet wird. Für die **Profession der Sozialen Arbeit** bedeutet das, dass für die Arbeit mit psychisch kranken Kindern und Jugendlichen viel mehr Selbsterfahrung, Coaching und Supervision geleistet werden muss. Um den Einsatz spiritueller Methoden zu ermöglichen, muss es im Studium die Möglichkeit geben, erstens selbst religiös-spirituelle Selbsterfahrung zu erhalten und zweitens, spirituelle Methoden zu erlernen. In der Regel ist hierfür eine externe Weiterbildung notwendig, nicht nur für die Selbsterfahrung, sondern auch um Grundkenntnisse im Bereich der Religion oder Spiritualität zu erwerben. Weiter sollte beachtet werden, dass die Arbeit in multiprofessionellen Teams immer wichtiger und alltäglicher wird, weswegen zusätzlich Sozialarbeiter*innen dazu aufgefordert sind am wissenschaftlichen Diskurs der Psychotherapie teilzuhaben und aktuelle Erkenntnisse in ihre Arbeit zu integrieren. Auch wenn in dieser Arbeit oft von KJP die Rede war, gelten die Erkenntnisse nicht nur für die Psychotherapie, die von KJP durchgeführt wird, sondern darüber hinaus auch für die weitere Begleitung von Kindern und Jugendlichen die von Sozialarbeiter*innen übernommen wird.

Für **die Profession der Psychotherapie mit Kindern und Jugendlichen** bedeutet das, dass weiter daran gearbeitet werden muss, dass endlich eine funktionierende wissenschaftliche Diskussion zwischen den Professionen entsteht, welche dem*n Patient*innen die bestmöglichen Genesungsmethoden ermöglichen. Es gilt Erfahrung zu machen, sowohl für sich, aber auch zu erlernen, neue Methoden mit Patient*innen anzuwenden.

Insgesamt regt diese Bachelorarbeit dazu an, den wissenschaftlichen Diskurs, sowohl in der Spiritualitätsforschung, als auch in der psychologisch-psychotherapeutischen Forschung weiter voranzutreiben und Möglichkeiten zu erörtern, wie genannte Professionen, gerade im Hinblick auf eine Ressourcen- und Lebensweltorientierung, zusammenarbeiten können. Besonders stehen noch Erkenntnisse im Bereich der Spiritualitätsdefinition aus; »Kann es überhaupt eine einheitliche Definition geben? Wie kann eine Abgrenzung zu anderen Begriffen gewährleistet werden?«. Um endgültig eine Korrelation zwischen Spiritualität und einer gesunden Lebensführung bei Kindern und Jugendlichen zu belegen, wäre es zudem nötig, speziell quantitative und qualitative Studien mit Kindern und Jugendlichen durchzuführen. Dies gilt nicht nur für den Bereich der Spiritualität, sondern ebenso für die Anwendung von spirituellen Methoden wie AT, PMR und der Meditation, denn auch hier stehen noch Ergebnisse aus.

Diese Bachelorarbeit kann als Beginn bezeichnet werden einen wissenschaftlichen Diskurs zu führen, der Möglichkeiten aufzeigt, wie jungen Menschen in der Psychotherapie geholfen werden kann. Durch die Implementierung von Spiritualität in die Psychotherapie und die Anwendung von spirituellen Methoden im Lebensweltalltag können Kinder und Jugendliche Zugang zu einem gelingenden Leben erhalten. Somit können ihnen Wege und Handlungen aufgezeigt werden, welche sie in ihrer eigenen Handlungsfähigkeit bestärken und es ihnen ermöglichen zu einem Teil unserer Gesellschaft heranzuwachsen.

Literaturverzeichnis

Adams, Karl-August (2012): Ressource Sinnerleben und Spiritualität. In: Alban Knecht und Franz-Christian Schubert (Hg.): Ressourcen im Sozialstaat und in der sozialen Arbeit. Zuteilung - Förderung - Aktivierung. Stuttgart: Kohlhammer (Sozialpädagogik), S. 313–320.

Albert, Mathias; Hurrelmann, Klaus; Quenzel, Gudrun (Hg.) (2015): Jugend 2015. Eine pragmatische Generation im Aufbruch. Orig.-Ausg. Frankfurt am Main: Fischer-Taschenbuch-Verl. (Shell-Jugendstudie, 17).

Anderssen-Reuster, Ulrike (2011): Achtsamkeitstraning in der stationären Psychotherapie. In: Ulrike Anderssen-Reuster und Nils Altner (Hg.): Achtsamkeit in Psychotherapie und Psychosomatik. Haltung und Methode ; mit 6 Tabellen. 2., neu bearb. und erw. Aufl. Stuttgart: Schattauer, S. 217–245.

Baier, Karl (2006): Spiritualitätsforschung heute. In: Karl Baier (Hg.): Handbuch Spiritualität. Zugänge Traditionen interreligiöse Prozesse. Darmstadt: WBG (Wiss. Buchges.), S. 11–48.

Behrens, Christine (2015): Hilfe für Helfer. Wie Pflegende ihre spirituellen Ressourcen nutzen können. Hannover: Schlütersche; Schlüter (Pflege-Kolleg).

Benthaus-Apel, Friederike (2014): Zwischen Tabu und hohem Bedarf: (Religions-)Soziologische Perspektiven auf Spiritualität. In: Bernd Beuscher und Hildegard Mogge-Grotjahn (Hg.): Spiritualität interdisziplinär. Entdeckungen im Kontext von Bildung, sozialer Arbeit und Diakonie // Entdeckungen im Kontext von Bildung sozialer Arbeit und Diakonie. Berlin, Münster: LIT; Lit-Verl. (Religionspädagogik, Band 2 // 2), S. 15–38.

Berendt, Joachim-Ernst (1998): Das Leben - ein Klang. Wege zwischen Jazz und Nada Brahma. Vollst. Taschenbuchausg. München: Knaur (Knaur, 60859).

Beuscher, Bernd (2010): Rock my soul. Von der Kraft aufgeklärter Seelsorge. Göttingen: Vandenhoeck & Ruprecht.

Beuscher, Bernd (2014): "Endlichkeit muss man lernen". Protestantische Spiritualität und angewandte Wissenschaft am Beispiel Palliative Care. In: Bernd Beuscher und Hildegard Mogge-Grotjahn (Hg.): Spiritualität interdisziplinär. Entdeckungen im Kontext von Bildung, sozialer Arbeit und Diakonie // Entdeckungen im Kontext von Bildung sozialer Arbeit und Diakonie. Berlin, Münster: LIT; Lit-Verl. (Religionspädagogik, Band 2 // 2), S. 39–50.

Böhm, A.; Dony, M. (1984): Copingverhalten in der präoperativen Phase. In: *Psychotherapie, Psychosomatik, medizinische Psychologie* 34 (11), S. 296–302.

Bonhoeffer, Dietrich (1998): Widerstand und Ergebung. Gütersloh: Gütersloher Verlagshaus (XIII).

Bucher, Anton A. (2007): Psychologie der Spiritualität. Handbuch. 1. Aufl. Weinheim: Beltz Psychologie-Verl.-Union.

Buchwald, Petra; Hobfoll, Stevan E. (2004): Die Theorie der Ressourcenerhaltung und das multiaxiale Copingmodell. Eine innovative Stresstheorie. In: Petra Buchwald, Christine Schwarzer und Stevan E. Hobfoll (Hg.): Stress gemeinsam bewältigen. Ressourcenmanagement und multiaxiales Coping. Göttingen [u.a.]: Hogrefe, Verl. für Psychologie, S. 11–26.

Bundesministerium für Gesundheit (2014): Richtlinie für Psychotherapeutinnen und Psychotherapeuten zur Frage der Abgrenzung der Psychotherapie von esoterischen, spirituellen und religiösen Methoden. Hg. v. Bundesministerium für Gesundheit. Bundesministerium für Gesundheit. Wien. Online verfügbar unter http://www.hypnosetherapeut.com/wp-content/uploads/2014/11/richtlinieabgrenzungesoterik.pdf.

Büssing, Arndt (2016): Was ist die Spiritualität von Kindern und Jugendlichen – und wie können wir ihr begegnen? In: *Spiritual Care* 5 (4), S. 251–252. DOI: 10.1515/spircare-2016-0188.

Bußmann, Udo; Faix, Tobias; Gütlich, Silke (2013): Wenn Jugendliche über Glauben reden - gemeinsame Erfahrungsräume gestalten. Ein Praxisbuch für die Jugendarbeit. Neukirchen-Vluyn: Neukirchener Aussaat.

Calmbach, Marc; Borgstedt, Silke; Borchard, Inga; Thomas, Peter Martin; Flaig, Berthold Bodo (2016): Wie ticken Jugendliche 2016? Lebenswelten von Jugendlichen im Alter von 14 bis 17 Jahren in Deutschland.

Eppenstein, Thomas (2014a): Spiritualität und menschlicher Eigensinn. Versuch einer kategorialen Bestimmung für die Soziale Arbeit. In: Bernd Beuscher und Hildegard Mogge-Grotjahn (Hg.): Spiritualität interdisziplinär. Entdeckungen im Kontext von Bildung, sozialer Arbeit und Diakonie // Entdeckungen im Kontext von Bildung sozialer Arbeit und Diakonie. Berlin, Münster: LIT; Lit-Verl. (Religionspädagogik, Band 2 // 2), S. 113–133.

Eppenstein, Thomas (2014b): Spiritualität: Spannungen und Grenzen interkulturellen Verstehens. In: Bernd Beuscher und Hildegard Mogge-Grotjahn (Hg.): Spiritualität interdisziplinär. Entdeckungen im Kontext von Bildung, sozialer Arbeit und Diakonie // Entdeckungen im Kontext von Bildung sozialer Arbeit und Diakonie. Berlin, Münster: LIT; Lit-Verl. (Religionspädagogik, Band 2 // 2), S. 135–169.

Faure, Octavio (2013): Walking into the Holy Spirit. A psycho spiritual experience. In: Erwin Möde (Hg.): Spiritualität und Psychotherapie. Bleibende und neue Wege der Konvergenz. Regensburg: Pustet (N.F. : 68), S. 135–146.

Fermor, Gotthard (2014): Spiritualität und Bildung. Systematisch-theologische und gemeindepädagogische Perspektiven. In: Bernd Beuscher und Hildegard Mogge-Grotjahn (Hg.): Spiritualität interdisziplinär. Entdeckungen im Kontext von Bildung, sozialer Arbeit und Diakonie // Entdeckungen im Kontext von Bildung sozialer Arbeit und Diakonie. Berlin, Münster: LIT; Lit-Verl. (Religionspädagogik, Band 2 // 2), S. 171–191.

Freud, Sigmund (2015): Das Unbehagen in der Kultur und andere kulturtheoretische Schriften. Unter Mitarbeit von Alfred Lorenzer und Bernard Görlich. 4. Auflage. Frankfurt am Main: Fischer Taschenbuch Verlag (Fischer Taschenbuch Fischer Klassik, 90207).

Frick, Eckhard (2011): Spiritualität des Alltags - Achtsamkeit in der Tradition des Ignatius von Loyola. In: Ulrike Anderssen-Reuster und Nils Altner (Hg.): Achtsamkeit in Psychotherapie und Psychosomatik. Haltung und Methode ; mit 6 Tabellen. 2., neu bearb. und erw. Aufl. Stuttgart: Schattauer, S. 46–55.

Gaus, Ralf (2016): Spirituelle Fragen und Erfahrungen von erkrankten jungen Menschen – auch ein Bildungsanlass? In: *Spiritual Care* 5 (4), S. 253–259. DOI: 10.1515/spircare-2016-0112.

Geene, Raimund; Lehmann, Frank; Höppner, Claudia; Rosenbrock, Rolf (2013): Gesundheitsförderung - Eine Strategie für Ressourcen. In: Raimund Geene, Claudia Höppner und Frank Lehmann (Hg.): Kinder stark machen: Ressourcen, Resilienz, Respekt. Ein multidisziplinäres Arbeitsbuch zur Kindergesundheit. 1. Aufl. Bad Gandersheim: Verl. Gesunde Entwicklung, S. 19–67.

Gensicke, Thomas (2015): Die Wertorientierung der Jugend. In: Mathias Albert, Klaus Hurrelmann und Gudrun Quenzel (Hg.): Jugend 2015. Eine pragmatische Generation im Aufbruch. Orig.-Ausg. Frankfurt am Main: Fischer-Taschenbuch-Verl. (Shell-Jugendstudie, 17), S. 237–272.

Gottwald, Franz-Theo (1998): Schamanische Wissenschaften. Ökologie, Naturwissenschaft und Kunst. München: Diederichs (Gelbe Reihe Magnum, 8).

Haan, Norma (1963): Proposed model of ego functioning: Coping and defense mechanisms in relationship to IQ change. In: *Psychological Monographs* 1963 (77/8), S. 1–23.

Hampel, Petra; Petermann, Franz (2009): Stress. In: Franz Petermann und Dieter Vaitl (Hg.): Entspannungsverfahren. Das Praxishandbuch ; [neu: Anwendung bei Schmerz, Stress, Phobien]. 4., vollst. überarb. Aufl. Weinheim: Beltz, S. 464–477.

Heilbrun, Alfred B. (1982): Psychological Scaling of Defensive Cognitive Style on the Adjective Check List. In: *Journal of Personality Assessment* 46 (5), S. 495–505. DOI: 10.1207/s15327752jpa4605_9.

Heim, E.; Blaser, A.; Augustiny, K.; Bürki, K.; Schaffner, C.; Valach, L. (1985): Manual zur Erfassung der Krankheitsbewältigung. Berner Bewältigungsbogen. Psychiatrische Universitäts-Poliklinik Bern.

Hurrelmann, Klaus; Quenzel, Gudrun (2016): Lebensphase Jugend. Eine Einführung in die sozialwissenschaftliche Jugendforschung. 13., überarbeitete Auflage. s.l.: Beltz Juventa.

Jahrsetz, Ingo Benjamin (1999): Holotropes Atmen - Psychotherapie und Spiritualität. Stuttgart: Pfeiffer bei Klett-Cotta (Leben lernen, 129).

Klosinski, Gunther (2016): Spiritualität im Rahmen von Sinn-Suche, Identitätsfindung und Selbst-Adoption. In: *Spiritual Care* 5 (4), S. 273–279. DOI: 10.1515/spircare-2016-0132.

Knecht, Alban; Schubert, Franz-Christian (2012): Ressourcen - Einführung in Merkmale, Theorien und Konzeptionen. In: Alban Knecht und Franz-Christian Schubert (Hg.): Ressourcen im Sozialstaat und in der sozialen Arbeit. Zuteilung - Förderung - Aktivierung. Stuttgart: Kohlhammer (Sozialpädagogik), S. 15–41.

Knoblauch, Hubert (2006): Soziologie der Spiritualität. In: Karl Baier (Hg.): Handbuch Spiritualität. Zugänge Traditionen interreligiöse Prozesse. Darmstadt: WBG (Wiss. Buchges.), S. 91–111.

Knoblauch, Hubert (2009): Populäre Religion. Auf dem Weg in eine spirituelle Gesellschaft. Frankfurt am Main: Campus-Verl.; Campus Verl. (Sozialwissenschaften 2009).

Koenig, Harold; King, Dana; Carson, Verna B. (2012): Handbook of Religion and Health. 2nd ed. s.l.: Oxford University Press USA.

Krampen, Günter (2013): Entspannungsverfahren in Therapie und Prävention. 3., überarb. und erw. Aufl. Göttingen: Hogrefe.

Kriz, Jürgen (2007): Grundkonzepte der Psychotherapie. Mit Add-on. 6., vollst. überarb. Aufl. Weinheim: Beltz (Anwendung Psychologie).

Lazarus, Richard S. (1999): Stress and emotion. A new synthesis. 1. publ. London: Free Association Books.

Leven, Ingo.; Utzmann, Hilde (2015): Jugend im Aufbruch - vieles soll stabil bleiben. In: Mathias Albert, Klaus Hurrelmann und Gudrun Quenzel (Hg.): Jugend 2015. Eine pragmatische Generation im Aufbruch. Orig.-Ausg. Frankfurt am Main: Fischer-Taschenbuch-Verl. (Shell-Jugendstudie, 17), S. 273–374.

Martin, Ariane (2005): Sehnsucht - der Anfang von allem. Dimensionen zeitgenössischer Spiritualität. Ostfildern: Schwabenverl.

Mey, Günter (2013): Perspektiven einer ressourcenorientierten Entwicklungspsychologie. In: Raimund Geene, Claudia Höppner und Frank Lehmann (Hg.): Kinder stark machen: Ressourcen, Resilienz, Respekt. Ein multidisziplinäres Arbeitsbuch zur Kindergesundheit. 1. Aufl. Bad Gandersheim: Verl. Gesunde Entwicklung, S. 165–202.

Möde, Erwin (2013): Wege zum Heil. Antworten aus der Psychotherapie. In: Erwin Möde (Hg.): Spiritualität und Psychotherapie. Bleibende und neue Wege der Konvergenz. Regensburg: Pustet (N.F. : 68), S. 147–158.

Mogge-Grotjahn, Hildegard (2014): "Man lässt sich fallen, und man fängt sich auf". Affinitäten soziologischer Lehre zu spirituellen Dimensionen Sozialer Arbeit. In: Bernd Beuscher und Hildegard Mogge-Grotjahn (Hg.): Spiritualität interdisziplinär. Entdeckungen im Kontext von Bildung, sozialer Arbeit und Diakonie // Entdeckungen im Kontext von Bildung sozialer Arbeit und Diakonie. Berlin, Münster: LIT; Lit-Verl. (Religionspädagogik, Band 2 // 2), S. 237–252.

Moody, Harry R.; Carroll, David (1997): Sinnkrisen in der Mitte des Lebens. Spiritualität und Erfüllung, ein Prozeß in fünf Schritten. München: Delphi bei Droemer Knaur.

Muthny, Fritz A. (1989): Freiburger Fragebogen zur Krankheitsverarbeitung. Weinheim: Beltz Test.

Namuth, Dorthe; Lischke, Eva; Geene, Raimund (2013): Soziale Arbeit und Sozialarbeitswissenschaften - Konzeptionelles Grundgerüst für Ressourcenorientierung? In: Raimund Geene, Claudia Höppner und Frank Lehmann (Hg.): Kinder stark machen: Ressourcen, Resilienz, Respekt. Ein multidisziplinäres Arbeitsbuch zur Kindergesundheit. 1. Aufl. Bad Gandersheim: Verl. Gesunde Entwicklung, S. 203–223.

Ott, Ulrich (2009): Meditation. In: Franz Petermann und Dieter Vaitl (Hg.): Entspannungsverfahren. Das Praxishandbuch ; [neu: Anwendung bei Schmerz, Stress, Phobien]. 4., vollst. überarb. Aufl. Weinheim: Beltz, S. 132–142.

Paul, G. L. (1969): Physiological effects of relaxation training and hypnotic suggestion. In: *Journal of abnormal psychology* 74 (4), S. 425–437.

Petermann, Franz; Vaitl, Dieter (Hg.) (2009): Entspannungsverfahren. Das Praxishandbuch ; [neu: Anwendung bei Schmerz, Stress, Phobien]. 4., vollst. überarb. Aufl. Weinheim: Beltz.

Renz, Monika (2010): Eine Spiritualität der Not. An der Grenze, wo Gott erfahren wird. In: Diakonisches Werk der EKD, Klaus-Dieter K. Kottnik und Astrid Giebel (Hg.): Spiritualität in der Pflege. Neukirchen-Vluyn: Neukirchener Verl., S. 64–73.

Rilke, Rainer Maria (1991): Briefe. In zwei Bänden. Frankfurt am Main u.a.: Insel-Verl.

Rippere, V. (1976): Antidepressive behaviour. A preliminary report. In: *Behaviour research and therapy* 14 (4), S. 289–299.

Rippere, V. (1977): "What's the thing to do when you're feeling depressed?" --a pilot study. In: *Behaviour research and therapy* 15 (2), S. 185–191.

Rüger, Ulrich; Blomert, Albert Franz; Förster, Wolfgang (1990): Coping. Theoretische Konzepte - Forschungsansätze - Messinstrumente zur Krankheitsbewältigung. Göttingen: Verl. für Med.Psychologie im Verl. Vandenhoeck u. Ruprecht (Nr. 13).

Saile, Helmut (2009): Aufmerksamkeitsdefizit-/Hyperaktivitätsstörungen (ADHS). In: Franz Petermann und Dieter Vaitl (Hg.): Entspannungsverfahren. Das Praxishandbuch ; [neu: Anwendung bei Schmerz, Stress, Phobien]. 4., vollst. überarb. Aufl. Weinheim: Beltz, S. 412–422.

Sonneck, Gernot; Kapusta, Nestor; Tomandl, Gerald; Voracek, Martin (2016): Krisenintervention und Suizidverhütung. 3., aktualisierte Aufl. Wien: Facultas (2123).

Spaemann, Christian (2013): Psychotherapie und menschliches Selbstverständnis. In: Erwin Möde (Hg.): Spiritualität und Psychotherapie. Bleibende und neue Wege der Konvergenz. Regensburg: Pustet (N.F. : 68), S. 13–27.

Utsch, Michael (2005): Religiöse Fragen in der Psychotherapie. Psychologische Zugänge zu Religiosität und Spiritualität. 1. Aufl. Stutgart: Kohlhammer.

Utsch, Michael (2010): Spiritualität in Medizin und Pflege. In: Diakonisches Werk der EKD, Klaus-Dieter K. Kottnik und Astrid Giebel (Hg.): Spiritualität in der Pflege. Neukirchen-Vluyn: Neukirchener Verl., S. 21–33.

Vaas, Rüdiger; Blume, Michael (2009): Gott, Gene und Gehirn. Warum Glaube nützt ; die Evolution der Religiosität. Stuttgart: Hirzel.

Vaillant, George E. (2011): Involuntary coping mechanisms: a psychodynamic perspektive. In: *Dialogues Clin Neurosci* 13 (3), S. 366–370.

Wegner, Gerhard; Lubatsch, Heike (2010): Macht Spiritualität gesund? In: Diakonisches Werk der EKD, Klaus-Dieter K. Kottnik und Astrid Giebel (Hg.): Spiritualität in der Pflege. Neukirchen-Vluyn: Neukirchener Verl., S. 194–204.

Weltgesundheitsorganisation (2008): Internationale Klassifikation psychischer Störungen. ICD-10 Kapitel V (F) ; klinisch-diagnostische Leitlinien. 6., vollst. überarb. Aufl. unter Berücksichtigung der Änderungen entsprechend ICD-10-GM 2004/2008. Bern: Huber.

Wurll, Patricia (2011): Achtsamkeit als therapeutische Grundhaltung. In: Ulrike Anderssen-Reuster und Nils Altner (Hg.): Achtsamkeit in Psychotherapie und Psychosomatik. Haltung und Methode ; mit 6 Tabellen. 2., neu bearb. und erw. Aufl. Stuttgart: Schattauer, S. 110–131.

Yalom, Irvin D. (2009): Der Panama-Hut oder Was einen guten Therapeuten ausmacht. Dt. Erstveröff., 10. Aufl. München: btb (btb).

Zwiebel, Ralf (2011): Wer ist achtsam? Gedanken zur BEziehung von Präsenz und (Selbst-) Bewusstheit. In: Ulrike Anderssen-Reuster und Nils Altner (Hg.): Achtsamkeit in Psychotherapie und Psychosomatik. Haltung und Methode ; mit 6 Tabellen. 2., neu bearb. und erw. Aufl. Stuttgart: Schattauer, S. 78–90.